# 草木成仏の思想

安然と日本人の自然観

草木成仏の思想――安然と日本人の自然観◉目次

編集協力／星飛雄馬
装丁／鰹谷英利

# 第1章　「山川草木」と「草木国土」

# 第1節　「山川草木悉皆成仏」は間違っている

## 1　「山川草木悉皆成仏」の流行

### 中曽根首相の施政方針演説

ひところ、「山川草木悉皆成仏（さんせんそうもくしっかいじょうぶつ）」とか「山川草木悉有仏性（さんせんそうもくしつうぶっしょう）」とかいう言葉がずいぶん流行した。もとはと言えば、哲学者の梅原猛（うめはらたけし）が言い出したことで、それを中曽根康弘（なかそねやすひろ）首相（当時）が第一〇四回国会における施政方針演説（一九八六年一月二七日）において使ったことで、一気に広まったようだ。

このときの施政方針演説は、具体的な政策について述べた後、最後の部分でスケールの大きな文明論を展開している。なかなかの名文であるから、多少長いが、引用してみよう。

この数世紀の間、科学技術の発展に支えられたヨーロッパ文明は、極めて強い活力を保持して、世界のすべての地域に圧倒的にその影響を及ぼしてきました。しかし、今世紀も深まるにつれて、世界の人々は、人類がその何千年の歴史において世界の各地域でつくりあげてきた思索と倫理と社会体制は、それぞれが人間の英知と尊厳性の刻まれたものであり、独自の価値を持つことを知るようになったのであります。

更に重要なことは、核戦争の脅威や、遺伝子操作が提起する人間の尊厳にもかかわる問題のように、科学技術の発達のみでは、必ずしも人間の幸福を保障し得ないことがはっきりしてきたことであります。

こうしたことは、我々が今後考えるべき二つのことを暗示しています。第一は、科学技術が人類文化を覆い尽くすのではなくて、科学技術を人類文化の一部分として適正に位置付ける必要性であります。第二は、科学技術以外の人間の精神文明について、科学技術がその同価値性を認め合ったように、相互間における理解を深め、共通の価値評価の基盤を拡げることであります。

科学技術の限界と、科学技術に収まり切れない精神文明の重要性を訴えたことは、東日本大震災を経た今日、深く納得されるところがあり、先見の明ある知見ということができよう。だが、それに続く箇所になると、いささか落差が大きい。

**釈迦は、既に二五〇〇年ほど前「天上天下唯我独尊」と喝破し、また仏教思想においては、「山川草木悉皆成仏」ということがいわれております。これが東洋哲学の真髄であります。**
**我々日本人は、大自然は人間のふるさとであり、人間はこれとの調和の中で、動物、植物、生きとし生けるものすべてと共存しつつ生きていると考えてきました。調和と共棲、すなわち「共存の哲学」こそ、日本民族が長い歴史の中で育ててきた生き方の基本であると思います。**

どうしてここで「天上天下唯我独尊」が出てくるのか、あまりに唐突で、何を言いたいのかよく分からない。それに続いて、「仏教思想」として「山川草木悉皆成仏」が言われ、それこそ「東洋哲学の真髄」だと言われても、「天上天下唯我独尊」からどう話がつながるのか、ますます混乱するばかりだ。その後を読むと、どうやら自然との調和ということが言いたいらしいが、今度は、「我々日本人」の自慢話となって、「仏教思想」はどこへ飛んで行ってしまったのか、飛躍が大きすぎてついていけない。

だが、演説ということを考えると、話が筋道だっているかどうかということよりも、話術の問題であり、インパクトのあるキーワードを並べるほうが、説得力が生まれる。その点で、この演説は成功したのであろう。その結果、「山川草木悉皆成仏」が一躍流行語として躍り出ることになった。

その後、環境問題が大きくなる中で、環境保護と結び付いてこの語が取り上げられることが多くなった。だが、奇妙なことに、誰もこの語の出典を問題にする人はいなかった。「悉皆成仏」という以上、仏教的な感じがするし、中曽根もそう言っているが、じつは仏典の中に「山川草木悉皆成仏」という言葉はない。ある人は、仏教伝来以前の日本のアニミズムを表わす言葉だとも言うが、それならば、「悉皆成仏」などといういかにも仏教的な言い方をするはずがない。こうして典拠不明で、由来の分からない言葉が独り歩きすることになった。

## 2「山川草木」と「草木国土」

### インドや中国にない「草木国土」

「山川草木」という言葉は、漢籍にも見え、仏典でも密教の経典などにも見えるが、もっとも印象的なのは、『日本書紀』に出ることである。イザナギとイザナミの国生みの段の一書で、国を生み、川・山・木・草などを生んだ後、「「吾已に大八洲国及び山川草木を生めり。何ぞ天下の主者を生まざらむ」とのたまふ」（岩波文庫本による）と相談して、そこで日の神アマテラスを生んだというのである。こうした由来を持つので、「山川草木」は仏典や神道書などを含めて、古典でかなり広く用いられている。ただ、それでも「山川草木悉皆成仏」という言葉は、古典的な文献にはどこにも出てこない。

それでは、似た言葉はないのだろうか。じつは「草木国土悉皆成仏」という言葉は古くからあり、仏典のみならず、謡曲などにしばしば現われることから、古典愛好者にはよく知られている。ただ、その場合もインドや中国の仏典には見られず、日本の仏典のみである。それどころか「草木国土」という言葉自体が、中国の仏典にはわずかに見られるのみで、日本で多用されるようになった。その多くは「草木国土悉皆成仏」という成句か、それと類似の表現の中で用いられている。

「国土」というのは分かりにくいが、仏教語としては仏国土のことである。仏国土というのは、一人の仏が指導する領域である。例えば、私たちが住んでいるのは釈迦仏が指導する娑婆世界であり、それはこの全宇宙、もっと厳密に言えば、この世界の千の三乗の集まりである三千大千世界を含んでいる。そうした数量的なことは一種の譬喩と考えてよいが、ともあれ今日、尖閣諸島とか竹島が日本の国土の一部かどうか、といっているような狭い問題ではなく、広大な宇宙的規模で考えられた世界の全体である。

「草木国土」は、このように仏教的なニュアンスが非常に強い言葉であるが、それだけにやや分かりにくいところがある。それに比べて、「山川草木」のほうが具体的な自然を表わす言葉として、はるかに分かりやすい。本来は「草木国土悉皆成仏」という熟語しかあり得ないのに、それが「山川草木悉皆成仏」という、どこにも根拠のないフレーズで人気を博するようになった背景には、こうした言葉のニュアンスの問題があったのではないかと推測される。

新造語で別にかまわないではないか、言葉の詮索は、所詮は重箱の隅をいじり回す専門家の悪癖ではないか、と言われるかもしれない。しかし、それが仏教思想だとか、日本古来の思想だとか主張されるとき、きちんとした典拠を持たない言葉が独り歩きしてしまうと、そもそもまともな議論をすることができなくなってしまう。勝手なイメージだけで仏教思想や「日本古来の思想」が論じられるのでは、言いたい放題できわめて歪められた観念をまき散らすことになりかねない。それが独善的な日本賛美につながるとしたら、きわめて危険なことであり、実際、私たちは過去にそのような苦い経験を持っている。過去の思想を、きちんと文献に基づいて解明していくことは、伝統に根差した本物の思想を築いていくために、もっとも重要な課題である。

# 第2節
# 草木成仏論の前提

## 1 仏教史の中の草木の位置付け

### 「有情」と「非情」

仏教では、原則として覚りを開くことができるのは、六道を輪廻する生き物に限られている。六道というのは、下から地獄・餓鬼・畜生・修羅・人・天の六つの領域で、前世の行為（業、カルマ）の善悪によって、よい境遇や悪い境遇に生まれる。たとえよい境遇に生まれたとしても、またそこでの業によって次には悪い境遇に陥る可能性があり、それが永遠に続くとしたら、耐え難いことである。そこで、その輪廻を超越した覚りに到達することが目標とされる。その究極が仏であり、それ故、仏になること＝成仏を目指すことになる。もっとも成仏ということは、大乗仏教になって言われるようになったことで、初期の仏教では言われない。

成仏する可能性を仏性とも呼ぶが、「一切衆生悉有仏性」というのは、『大般涅槃経』(『涅槃経』)という経典に出る名文句であり、広く人口に膾炙された。「衆生」というのは、この六道を輪廻する存在のことで、サットヴァという梵語の漢訳である。鳩摩羅什などが用いた古い訳語で、「さまざまな生あるもの」の意である。それに対して、唐の玄奘は「有情」という訳語を当てた。これは「心のはたらきのあるもの」の意で、「衆生」よりも意味を明確化したものということができる。

通常は、「衆生」のほうが多く使われるが、草木成仏問題に関しては、「有情」という言葉を使うことも多い。何故ならば、それに対して「心のはたらきを持たないもの」を「非情」または「無情」と呼び、対照させることができるからである。「衆生」に対しては、明確に対立する概念はない。草木などの植物はもちろん「非情」に属するが、「非情」の外延はもっと広く、「有情」以外の世界のすべてのものが属することになる。『涅槃経』では、無情のものの例として、「牆壁瓦石」(壁土や瓦、石ころ)などを挙げている「牆壁瓦礫」という語もよく用いられる。

「有情」は心のはたらきがあるから、行為を起こし、そこに輪廻が生じて、逆に輪廻からの離脱である成仏が可能と考えられる。それに対して、「非情」は心のはたらきがないのであるから、自律的な行為を行うことはなく、それ故、それがもとになって輪廻することもない。六道は、地獄や餓鬼、天(天の神々)など、可視的な世界に属さない存在も認めているが、その中には植物や非生物が入る余地はない。従って、本来の仏教の立場では、非情の成仏ははじめから問題にならない。

今、現代的な生物・無生物の分類と仏教的な分類を対比させると、次のようになろう。

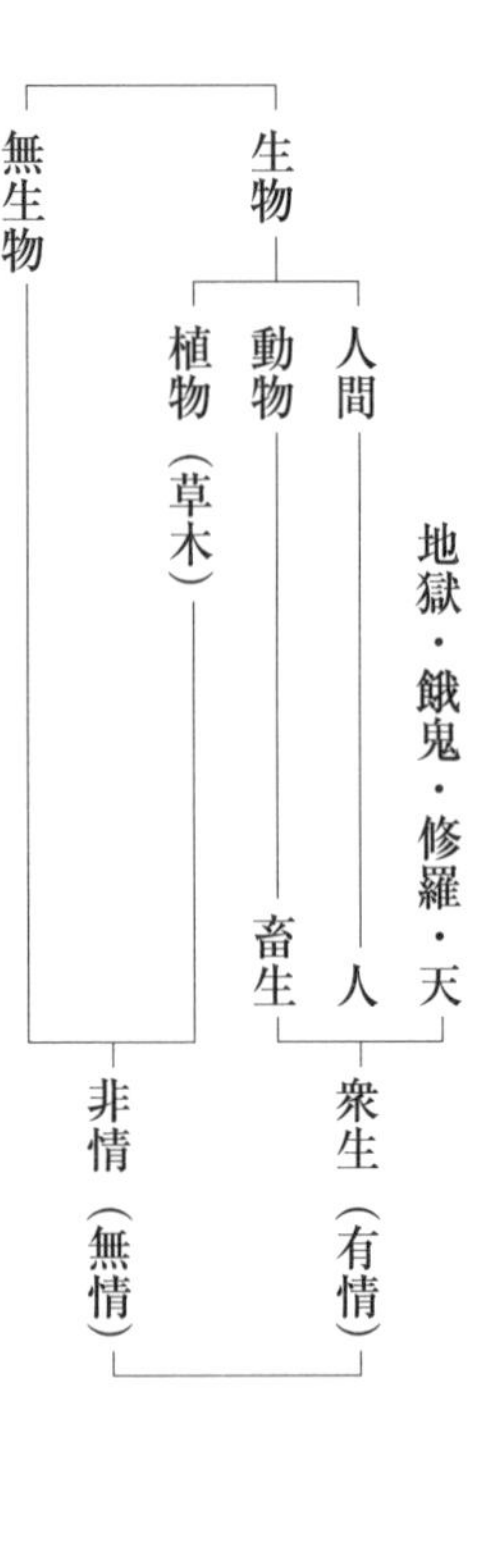


この原則がそのまま通用するのであれば、話は単純であるが、仏教が東アジアで展開する中で、有情と非情の区別が曖昧になり、中国で非情成仏の問題が提起されるようになった。その延長上に、日本では非情の中でも特に草木を中心に議論されるようになったのである。本書では、中国の非情成仏説の展開については詳しくは扱わず、安然（あんねん）を中心とした日本の草木成仏の議論を考えていくことにしたい。

ただし、中国ですでに広範に論じられていた非情成仏の問題が、日本でも当然ながら前提となっている。中国での議論がもっとも展開したのは天台宗である。中国の天台宗は、智顗（ちぎ）

（五三八－五九七）によって確立されたが、その後しばらく停滞し、唐代に六祖の湛然（七一一－七八二）によって再興された。最澄は湛然の孫弟子にあたる。その湛然によって、非情成仏の問題がもっとも大きく取り扱われた。その著『金剛錍（論）』（『金錍論』）は、この非情成仏の問題を正面から扱っている。同書は、問答体で書かれているが、その中で、非情が独自に発心して成仏するという説に徹底的に批判を加えている。そして、あくまでも有情の成仏の実現が目標とされ、それに伴って環境世界の非情の成仏も実現するという議論を展開している。

この議論を前提とした上で、安然はあくまでも非情である草木がそれ独自で発心・修行するという草木自成仏説を主張する。どうしてそのような主張がなされ、その主張にどのような意味があるのか。その探求が本書の課題である。

ちなみに、言葉についてもう少し付け加えておくと、主体と環境という概念に相当する仏教用語は、正報と依報である。正報は、業の報いとして身体を受けることであり、それに対して、その正報の依りどころとなるのが依報である。この場合、依報の中には、正報と関係する他の有情も含まれるので（例えば、社会の中で出会う他者）、必ずしも非情とは限らないが、非情が代表的に考えられる。

また、五陰世間・衆生世間・国土世間の三種世間（三世間）と呼ばれる分類もある。五陰世間は、色（物質）・受（感受）・想（表象）・行（意志）・識（意識）という世界を構成する物質・精神の五つの基本要素（五陰・五蘊）という観点から見た世界のあり方である。それに対して、衆生世間・国土世間はともに五陰からなるものであるが、衆生世間は主体である衆生の観点からみた世界のあり方、国土世間は環境的な世界のあり方である。

なお、華厳宗では三種世間に関して、器世間・衆生世間・智正覚世間という、少し違う分類を立てる。器世間は、先の分類では国土世間に当り、衆生世間は同じである。智正覚世間は、覚りを開いた仏の立場から見た世界である。この分類もしばしば用いられ、特に器世間という言い方は国土世間よりも広く用いられる。

## 2 草木成仏論の研究史と本書の見通し

### 古典に遡る日本人の環境論

私が草木成仏論に関わるようになったのは、もともとは必ずしもそのテーマ自体に深い関心を持っていたからというわけではない。最初、法然を中心とする鎌倉仏教の研究から出発し、その後、その源流を平安初期の仏教に求めていく中で、安然という天台の思想家の重要性を発見し、その思想を中心に博士論文を執筆した。それは、加筆訂正のうえ、『平安初期仏教思想の研究』（春秋社、一九九五）として出版した。安然については、次節に論ずるが、その若い頃の作品として『斟定草木成仏私記』という著作が遺されている。このテクストは、「草木国土悉皆成仏」という熟語がもっとも早く用いられていることでも知られている。

「草木国土悉皆成仏」を中心とした草木成仏説の研究は、仏教学者宮本正尊(みやもとしょうそん)によって着手されたが、宮本は、この語の初出を院政期の証真(しょうしん)による『摩訶止観私記(まかしかんしき)』と考えた。しかし、じつは安然の同書にすでに見えるのであり、そのことは花野充道によって指摘された。同書については、三崎義泉、新川哲雄らの研究があるが、私は前掲拙著において、同書のテクストの校訂と現代語訳、注釈を試みた。その過程で、「山川草木悉皆成仏」という言い方が不適切であることを指摘しなければならないことも痛感していたが、その後、関心が他に移ったこともあって、そのままこの問題からは遠ざかっていた。

その間、環境問題が深刻化する中で、仏教の環境論として草木成仏論に関する研究は急速に進展を見せてきた。正面から環境論の観点に立つ岡田真美子、日本密教の文献を探求した伊藤宏見らの研究が注目される。とりわけ、ドイツの仏教学者ランベルト・シュミットハウゼンの研究は、インドの初期仏教文献から日本まで、関連する文献をすべて網羅して徹底的に分析し、非情成仏論、草木成仏論の東アジア的性格を解明している。また、ファビオ・ランベッリの研究は、日本に範囲を限り、草木成仏論の類型を分けながら、それが決して日本人の自然愛好やアニミズムに由来するものではなく、きわめて政治的、イデオロギー的な性格を持つ議論であることを明らかにしている。研究史の詳細については、これらの著作に譲り、ここでは立ち入らない。

近年、さすがに「山川草木悉皆成仏」に関する世間の言説は、いささか下火になりつつあるようである。これは、この問題に関する歴史的に正しい理解が広まったから、というわけではない。

おそらく、東日本大震災後、もはや呑気に「日本的アニミズム」を賛美している状況ではなくなったという事情があるのであろう。しかし、そのような状況であれば一層、古典に戻って日本人がどのように環境世界の問題を理解していたかを、きちんと解明することが不可欠である。先人の智慧を無視して、表面だけで現代の問題が解決できるわけがない。先に引用した中曽根演説が、欧米中心的な科学技術の万能を批判し、アジアや日本の伝統を捉え直すことの必要を説いているのは、この点では適切である。中曽根はその先で、「今日こそ、日本が自らの文化について客観的、科学的に研究し、自らが自らを知る努力をしていかなければならないのであります」と論じているが、これもまたきわめて重要なポイントをついている。自国の思想をきちんと研究しないままに、情緒的な議論に走るところに、「山川草木悉皆成仏」論の隆盛が生まれたともいうことができる。

## 本書の構成

このような反省の上に立って、本書は大雑把で恣意的な議論に陥らないために、草木成仏を正面から主題に据えて論じた日本最初の著作である安然の『斟定草木成仏私記』をしっかりと読み込むことを中心的な課題として、それとの関係で日本の草木成仏論を検討することにしたい。付録として、同書の現代語訳を収録したが、これは、読者にテクストそのものを読んでもらいたいからである。もちろん原文で解読できればいちばんよいが、専門語の多い漢文の原文は外国語と同じであり、専門の訓練を積んだ研究者の訳解を必要とする。これは、他の仏教テクストに関しても同じことが言えるが、これまで専門の研究者は、それを一般の読書界に提供するという基本的な作業にあまりに不熱心であった。そのために、空海（くうかい）や道元（どうげん）などの一部のテクストを除けば、専門家以外には近寄り難く、その叡智を現代の思想的問題の解明に役立てる手立てがなかった。

私はすでに前掲拙著に『斟定私記』の試訳を提供したが、今回、全面的に見直して、誤りを正すとともに、それだけで通読して理解できるように、できるだけ砕いた訳を提供するように心がけた。それでもなお、仏教に関する基礎知識を持たない読者には分かりにくいかもしれないが、これ以上の「超訳」になると、今度は正確さを犠牲にすることになるので、あえて踏み留まった。出典などに関する注記は、前掲拙著に譲った。

以下、本章第3節では、安然という思想家について紹介しておく。安然は、これまで一般にはほとんど知られていないが、空海を受けて日本の密教の基礎理論を築いた大思想家であり、もっと広く知られ、議論されなければならない。

それを受けて、第2章は、『斟定私記』の内容を概観し、検討する。『斟定私記』は、他の人の議論を引用しながら、それを安然が批判することで自己の考えを明らかにしていくという方法を取っているために、うっかりするとどこが批判される思想で、どこが安然自身の思想なのか、分からなくなる。それに、『斟定私記』は未完成で、肝腎の安然自身の思想を体系的に示そうとするはじめのところで終わっている。その先は、安然の円熟した時期の主著である『真言宗教時（きょうじ）

義』（『教時問答』）や『菩提心義抄』につながっていく。そこで、第3章において、この両書を取り上げ、とりわけその真如説と草木成仏の関係を中心に検討を加える。

第4章では、安然から進んで、もう少し大きな視点で、草木成仏論を検討したい。当初、歴史的に、中国・日本の草木成仏論の歴史を追うことを計画したが、すでにそのような研究はシュミットハウゼンによって詳細になされており、それをただ概略的に追うだけでは意味がないと考え、通史的な叙述は取りやめた。代わりに、日本天台における草木成仏論とそれを批判する動向を紹介し、さらに、空海や道元の場合を取り上げて、議論のポイントを示した。その上で、日本の自然観や世界観の全体の構造の中で、草木成仏思想をどのように位置付けるかを考え、さらに真如の問題を哲学的に掘り下げてみたい。

最後に第5章では、この自然観の延長として、東日本大震災を契機に切実な問題となっている自然災害をどのように捉えたらよいのか、私自身問題提起した災害天罰論の問題などにも触れながら、考えてみたい。これについては、もう少し詳しく論ずべき問題もあるが、今は草木成仏論の応用という観点から概要を述べるに留めた。

その上で、付録として『斟定私記』の現代語訳を付するので、ぜひ本文を読者自身で読みとっていただきたい。

前述のように、本書は前掲拙著がもとになっている。しかし、しばらく離れていて改めて読み直す中で、これまでの考えをかなり大きく改めた。特に、前掲拙著では、『斟定私記』の問題意識は、安然の中で必ずしも『菩提心義抄』では十分に展開されず、失敗したかのように考え、『斟定私記』の問題意識はむしろ、後の伝良源作『草木発心修行成仏記』で解決されるように考えていた。しかし、今回検討する中で、必ずしもその解釈は適当でないと思うようになった。『教時問答』や『菩提心義抄』の真如論が、『斟定私記』からの展開としてきわめて重要な意味を持つのではないかと、今は考えている。そのような観点から、いささか真如論の問題に深く立ち入ることにしたい。

## 第3節
# 忘れられた大思想家安然

### 1 安然——人と時代

**清貧を通して学問に励んだ天台の大学者**

安然と言っても、おそらく多くの方にとってはじめて聞く名前であろう。九世紀後半に活躍した天台の大学者である。教科書的に言えば、最澄・円仁（えんにん）・円珍（えんちん）を受けて、台密（たいみつ）（天台密教）を完成させた人物ということになる。しかし、最澄はもちろん、円仁や円珍が入唐して新しい唐の仏教をもたらし、天台座主（ざす）として仏教界のトップに君臨したのと違い、その生涯はほとんど分かっていない。公的な史料に名前が見えるのはごくわずかである。その一つは、元慶（がんぎょう）八年（八八四）に、元慶寺の伝法大阿闍梨（でんぽうだいあじゃり）に任ぜられた際の太政官符である（『類聚三代格』）。元慶寺（京都市山科区）は、その名の通り、元慶元年に藤原高子（たかいこ）の発願で遍昭（へんじょう）によって創建されたが、伝法大阿闍梨は、そこで出家する年分度者に密教を教える重要な役割である。その官符に、「年来、遍昭の辺に就きて、胎蔵・金剛の両部の大法を稟学すること既に畢んぬ」とあるので、遍昭を師として密教を学んだことが知られる。安然自身の著作から、円仁に学んでいることは確かであるが、貞観六年（八六四）の円仁没後は、遍昭に就いていたものと思われる。遍昭は歌人として知られ、百人一首の「天つ風雲の通い路吹き閉ぢよ乙女のすがたしばしとどめん」は有名である。密教僧としては、円仁・安慧・円珍などから受法し、当時の第一人者であった。

この太政官符には、安然を「年卌四、臈（受戒してからの年数）廿六」とあるが、これだと九歳で受戒したことになり、おかしいので、年齢は四十四の間違いだったと考えられ、そうとすると、承和八年（八四一）の生まれになる。最澄の血縁とも伝えられる。

貞観十九年（元慶元年、八七七）、斉詮・玄昭・観渓とともに、入唐のために太宰府に向かったという記事が『三代実録』に見える。実際に入唐したかどうかは不明であるが、おそらくは入唐しなかったと考えられている。この頃から盛んに師匠を訪ねて密教の伝授を受け、また大部の著作を著わすなど、充実した全盛期の活動が知られる。

安然以前、最澄はもちろん、円仁・円珍ら、天台宗のトップの人たちが入唐して、新しい唐の仏教を伝えていた。安然も当初、そのような先人と同様の志を持って入唐を望んだのであろう。それが中止となった理由ははっきりしない。気象的な理由によるものか、あるいは唐も末期の戦乱の時代となって、渡航が困難になったということもあったかもしれない。無理をして入唐しようとした斉(済)詮は、失敗して行方不明になったという。安然が選んだ道は、無理に入唐するのでなく、日本国内で可能な限り多くの師を訪ねてその教えを受け、集大成することであった。唐何するものぞ、という気概がその著作からうかがわれ、しばしば日本優越の心情が吐露されている。

だが、その活動が活発だったのは、十年に満たない。仁和元年(元慶九年、八八五)を境に再び消息が分からなくなる。わずかに寛平元年(八八九)に宮中の法会に堂達の役に選ばれたという記事が見えるのみである(『扶桑略記』)。その後の記録もないわけではないが、確実なものとは言えない。

いつ、どこで亡くなったかについては、諸説あるものの、はっきりしたことは分からない。後の伝承では、栄達に関心がなく、学問ばかりしていたために、貧乏して餓死したという伝説さえも語られる。おそらくそんなことはなかったであろうが、世に知られないままに清貧を通して学問に励んだ一生は、どこかすがすがしい。なお、比叡山東谷仏頂尾五大院(ひがしだにぶっちょうおごだいいん)に住んだと言われ、ここから五大院安然とも呼ばれる。

## 時代の転換期に仏教の基礎を築く

このように、安然の活動の時期はほぼ九世紀後半に当るが、この時代は、藤原良房の摂政(貞観八年、八六六)、基経の関白(仁和三年、八八七)を経て、いよいよ摂関時代が幕を開けた時代に当る。安然自身も入唐の志を持ちながら、果たさなかったように、唐との交流も次第に低調となり、寛平六年（八九四）には菅原道真の建議で遣唐使の派遣が廃止される。唐は戦乱が続き、国家的な交流はほとんど意味がなくなっていた。その後の交流は民間に任されるようになる。

安然はまさしくこのような大きな時代的な転換期に生きた思想家である。仏教界もまた、時代の節目を迎えていた。平安初期は仏教界がきわめて活発に活動した時期であった。最澄・空海の入唐で、唐の新しい仏教が伝えられ、日本に天台宗・真言宗が新たに確立された。それに伴い、南都の諸宗の活動も活性化され、多くの著述が著わされ、また新旧仏教間で積極的に大きな論争が交わされた。天長年間（八二四－八三四）に、勅命により諸宗の教理を著わして提出させたと伝えられ、空海の『秘密曼荼羅十住心論』、護命の『大乗法相研神章』、義真の『天台法華宗義集』、普機の『華厳宗一乗開心論』、豊安の『戒律伝来記』、玄叡の『大乗三論大義鈔』が遺されている。

その中で、密教が次第に重要な役割を果たすようになる。最澄は円（天台）・戒・禅・密と言われるように、諸宗総合の立場に立つが、空海の帰国により密教が隆盛を迎えると、天台宗は密教の弱さが指摘されることになる。そこで、円仁・円珍が相次いで入唐し、空海以後の密教を導入することになったのである。

安然の活動は、その次の時代になる。平安初期の諸宗が活発に論戦を交わした時代はその最後の幕を閉じる段階となった。当初鎮護国家のために導入された密教は、次第に摂関家の私的な祈祷へと移っていく。安然の活動した九世紀後半の後、比叡山は約半世紀の停滞を経て、十世紀後半になって良源（九一二－九八五）の復興によって、新たな進展を見せるようになる。真言宗も同じ頃ようやく再び活動を活発化させる。こうして、平安中期頃からの仏教は新たに再編されて、院政期、鎌倉時代へ向けて、大きく展開してゆく。それは、国家のための仏教から、貴族社会の祈祷中心へと転じ、さらに次第に個人レベルの修行法とそれに関する思想を発展させていくことになる。

安然は、ちょうどその過渡期に当り、それまでの平安初期の仏教を集大成するとともに、次の時代の仏教の基礎を築く重要な役割を果たしている。その膨大な著作は、比較的初期のものと、後期のものに分けることができる。その境目になるのが、入唐に挫折した貞観十九年（八七七）頃で、前年、清和天皇が陽成天皇に譲位し、この年貞観から元慶へと改元されている。ちなみに、東日本大震災で注目された貞観の大地震は、貞観十一年（八六九）のことであり、大きな時代の転換期を象徴する出来事となっている。

## 2　安然の著作と思想

### 前期は「試論的」、後期は「総合的」

安然の比較的初期の著作としては、まず『即身成仏義私記』『斟定草木成仏私記』の二つを挙げることができる。いずれも「私記」とあるように、私的なメモとしての性質を持ち、習作的なところがある。『即身成仏義私記』は、『法華経』の即身成仏を論じたものである。提婆達多品（だいばだったぼん）に八歳の龍女（りゅうにょ）がただちに成仏した例を、最澄が『法華秀句（しゅうく）』で『法華経』の即身成仏の例として挙げて以来、密教的な即身成仏と異なる天台の即身成仏の議論が盛んとなった。本書はそのような動向を受けて、『法華経』の即身成仏について問答体で論じたものである。

即身成仏は、日本において大きく発展する思想であるが、「即身」（この身のまま）と言いながらも、凡夫の身から仏の身に転ずることになるから、そこには大きな断絶があることになる。安然は本書の議論の中で、この身体の「転」が、凡夫の身を捨てることではないとして、凡夫と仏の断絶と連続という問題に一つの答を与えようとした。また、空海の即身成仏論は、深遠ではあるが、凡夫にただちに実現できることとは考えられない。安然は、凡夫成仏の可能性を認め、そこに中世へとつながる現実的な凡夫の仏教が開かれる基を作った。安然は後期の著作において、完全に密教の立場に移行するが、初期には、このようにむしろ顕教的な問題意識に立って議論を展開している。

『即身成仏義私記』の最後には、貞観五年（八六三）六月の法華会（ほっけえ）における即身成仏をめぐる論争が記され、円仁が解決を与えたとされている。法華会は、六月と十一月に延暦寺で行われ、そこで教学に関する議論が交わされるので、研鑽の場として重視された。円仁は貞観六年に亡くなっているので、この頃はその最晩年に当る。そこにはまた、そのときに草木成仏の問題も取り上げられたことが記されており、『斟定草木成仏私記』との関係をうかがわせる。本書の成立は、この年をそれほど隔たらない頃と考えられる。

『斟定草木成仏私記』については、次節で詳しく検討するが、貞観十一年（八六九）十一月の法華会の議論が引かれているので、それ以後の成立と考えられる。

この二書よりは少し遅れると思われる著作に『教時諍』と『教時諍論』がある。この二書はいずれも教判の問題を論じている。教判（教相判釈）というのは、仏教の教説がいろいろに分かれ、相互に矛盾したり、対立するところから、それら諸説を体系化し、優劣を判定して、その全体像をどのように捉えたらよいかという議論である。この二書は、インド・中国・日本にわたって、仏教の諸説がどのように分かれ、論争が行われてきたかを歴史的に論じた著作である。『教時諍』には、仏滅から貞観十八年（八七六）までの年数が計算された『仏法年代記』という著作が引用されているので、それ以後の成立ということになる。『教時諍』と『教時諍論』は同じようなテーマを扱って、近い頃の成立と考えられるが、このような問題意識が、最終的に主著である『教時問答』において、密教の立場から統一的な答を与えられることになる。それについては、第三節で取り上げることにしたい。

前期の著作がいずれも試論的なところを持つ短編であるのに対して、後期には密教の立場から総合的に論じた大部の著作が続いている。密教の理論（教相）を論じたものに『教時問答』や『菩提心義抄』があり、後者は仁和元年（八八五）の著作であることが、その序文から知られる。

『胎蔵界大法対受記』『金剛界大法対受記』は、さまざまな師匠から受けた密教の儀礼（事相）を集大成したものである。前者には元慶七年（八八三）、後者には元慶八年（八八四）の受法の記録があるので、それ以後にまとめられたものである。

また、授戒に関する『普通授菩薩戒広釈』、梵語（サンスクリット語）の言語論である『悉曇蔵』、入唐僧が請来した密教関係の書物の総目録である『諸阿闍梨真言密教部類総録』など、幅広い関心から著作が著わされており、安然は一時代を画する大学者であったことが知られる。

# 第2章　草木は自ら発心・成仏するか

## ――安然『斟定草木成仏私記』の世界

# 第1節　『斟定私記』の成立と概観

### 「議論とコメント」による構成

『斟定草木成仏私記』（『斟定私記』と略す）は、草木成仏を書名として掲げる最初の著作として、きわめて重要なものである。前述のように、貞観十一年（八六九）十一月の法華会の議論が引かれているので、それ以後の成立と考えられるが、おそらくそれほど隔たらない時期のものであろう。

「斟定」というのは、見慣れない言葉であるが、「斟」は「斟酌（しんしゃく）」などと熟語で用いられるように、酒や水を酌むこと、そこから転じて、相手の事情や思いを汲み上げる意である。本書は、当時行われていた諸説を述べ、それに対して安然が批判的にコメントするという形式で進行するが、そのコメントを与える作業が「斟定」である。目録などに、「かんじょう」という読みで採録されていることがあるが、おそらく「勘定」と誤ったもので、「しんじょう」と読むのが正しい。

本書は、江戸時代の刊本しかなく、残念なことに古い写本はない。比叡山が織田信長によって焼き討ちされたため、それ以前の天台の貴重な写本類はすべて焼けてしまった。従って、古い写本がないのは、不自然なことではない。刊本はいくつかの仏教系の主要な大学図書館（東洋大学・龍谷大学など）に収蔵されているが、いずれも同系列のもので、応永二十三年（一四一六）書写の奥書があるので、それがもとになっていることが知られる。原本は返り点・送り仮名が付されているが、拙著『平安初期仏教思想の研究』に、返り点・送り仮名を削除し、句読点を付して段落を分けた校訂テクストを収録してある。進んで勉強したい方は、参照していただきたい。

本書の成立については、先に触れたように貞観十一年（八六九）十一月の法華会の議論が引かれているので、それ以後の成立と考えられる。貞観十年（八六八）に亡くなった安慧が「故叡山第四座主安慧大和尚」と呼ばれているので、その点も矛盾しない。他方、仁和元年（八八五）の『菩提心義抄』に本書が言及されているので、それ以前の成立であることは明らかである。即ち、八六九～八八五年の間ということになる。その間のいつかということに関しては決め手がないが、貞観十一年の法華会に関して、「当今日本貞観年中」と言われているから、それほど遅れない時期の著作と考えるのがよさそうである。

その内容であるが、原本は段落を分けずに文章を連ねているので、非常に分かりにくいが、当時行われていたいくつかの問答議論を引用し、その後、「今、斟定して云く」として、その議論に対する安然自身の疑問を提示するという形になっている。「斟定」の意味は前述の通りであるが、現代語訳では、「コメント」と訳した。その点を理解して整理すると、本書はきわめて整然とした構成になっていて、分かりやすい。全体を章立てしてみると、以下のようになるであろう。

〔1〕諸宗の説を論ず
〔1・1〕天台宗の説（十問答）　コメント（二条）
〔1・2〕華厳宗の説（八問答）　コメント（二条）
〔1・3〕三論宗の説（一問答）　コメント（四条）
〔2〕唐決をめぐって
〔2・1〕円澄疑問・広修答　コメント（二条）
〔2・2〕円澄疑問・維蠲答　コメント（一条）
〔2・3〕徳円疑問・広修答、光定疑問・宗頴答　コメント（一条）
〔3〕当今の日本の議論
〔3・1〕貞観年中の論義　コメント（一条）
〔3・2〕ある人の問答（十問答）　コメント（十条）
〔3・3〕私的に方便して偽りの説を立てる（十問答）　コメント（十条）
〔4〕円意の開顕（三問答）

全体をひとまず四章に分けてみた。〔1〕は、天台宗・華厳宗・三論宗という三宗の草木成仏論の議論を引いて検討する。次の〔2〕は、唐決の中の草木成仏に関する議論を引用、検討する。唐決は、日本の天台僧が、教学的な疑問を中国の天台僧に問い、返事を得たものである。その中国側の返事に、安然は必ずしも満足しない旨のコメントを付する。〔3〕は当時の新しい日本における議論である。その上で、〔4〕に自説の展開へと向かう。

このように、本書の大部分は他の人の議論の引用からなり、安然の自説はあくまでコメントとして分量的にも少なく、引用した他の人の説の批判という形なので、必ずしも自説を積極的に主張しているわけではない。これらの問答のうち、〔3・3〕は、「私的に方便により偽りの説を立てる」と言われているように、安然自身が自ら仮想敵として自説に反する説を立て、その論駁を試みるが、それ以外は、おそらく何らかの形で実際に行われた問答をそのままか、アレンジしたものと思われる。とりわけ、〔2〕の唐決は、独立して現存しているので、それと対照してみると、多少の相違はあるものの、かなり正確に引用していることが知られる。〔3・1〕は、年月もはっきりしている法華会の論義であり、当時の論義を知る貴重な記録である。

このように、引用に多少のコメントを付す形で進んでいくが、〔3・2〕〔3・3〕あたりでは、次第にコメントが詳しくなっていき、最後の「円意の開顕」というところに至って、はじめて本格的に自説の展開に入る。ところが、そこは三問答だけで終わっていて、議論が十分になされているように見えない。どうやら完成した著作ではなく、未完に終わったとみるのが適当である。

前三章に関して注意されるのは、安然は経典やインド・中国の論師の説を取り上げているのではなく、あくまで日本における議論を対象としていて、安然の問題意識は同時代的な議論に向けられている。しかし、もちろん、経典やインド・中国の原典が典拠となっているし、そればかりでなく、読み込んでいくと、草木成仏説に関するさまざまな立場を、きわめて広く網羅していることが知られる。〔3・3〕のように、仮想の問答まで設定するのは、それによって、それまでの議論で落ちていたタイプの草木成仏論をも拾い上げ、そのリストを完璧にしようという志向がうかがわれる。

やはり安然の初期の著作である『教時諍』『教時諍論』は、教判論を論じ、主著『教時問答』に先立つものと考えられるが、いずれも同じように教判に関する所説を網羅しながら、自説を十分に展開するに至らず、未完に終わっている。このように、安然は自らの議論を展開させるために、まずさまざまな文献を読み、当時の議論を整理するところから出発しているが、その頃のノート的なものが初期の著作であったと考えられる。それらをもとにして、主著の『教時問答』や『菩提心義抄』において自説を詳細に展開するようになったのである。初期の著作は未完で、自説が十分に展開していないとはいえ、当時の日本の仏教界でどのような議論がなされ、安然がどのような問題意識から出発しているか知る上で、きわめて重要である。それらはいずれも、安然一人の問題に留まらず、その後の日本仏教の大きなテーマとなっていくのである。

以下、『斟定私記』の内容を検討していきたい。一応本文に従って見ていくが、あまり細かく説明していって、かえって論旨が捉えにくくなる恐れがある。そこで、各章の中心となる問題を私なりに整理してまとめ、安然が何を問題にしていたかを明らかにしたい。

# 第2節　さまざまな草木成仏説

## 草木成仏を認める諸宗

『斟定私記』は、まず〔1〕で、天台宗・華厳宗・三論宗の順にこれら諸宗の草木成仏説を問答の形で紹介し、それに対して批判的なコメントを付する。これらは、「古人」「旧人」「昔の人」などと言われており、すでに今の問題ではないと、かなり冷たくあしらわれている。

言うまでもなく、華厳宗・三論宗は南都六宗に属するものであり、他には倶舎宗・成実宗・律宗・法相宗が挙げられるが、前三宗は小乗に属するとされ、法相宗では草木成仏を認めないので、取り上げられない。南都六宗に天台宗・真言宗を加えたものが八宗であるが、真言宗は本書では取り上げられていない。これは、安然自身が密教の立場に立つからであり、本書はあくまでも顕教の立場を問題としている。〔4〕で、密教の立場からの自説を展開しはじめるが、それはすぐに中断して未完となっている。

このようなわけで、ここで取り上げられた天台宗・華厳宗・三論宗は、当時の日本仏教の諸宗の中で、草木成仏を認めていた顕教のすべてということになる。図示すると以下の通り（太字は、〔1〕で取り上げられた諸宗）。

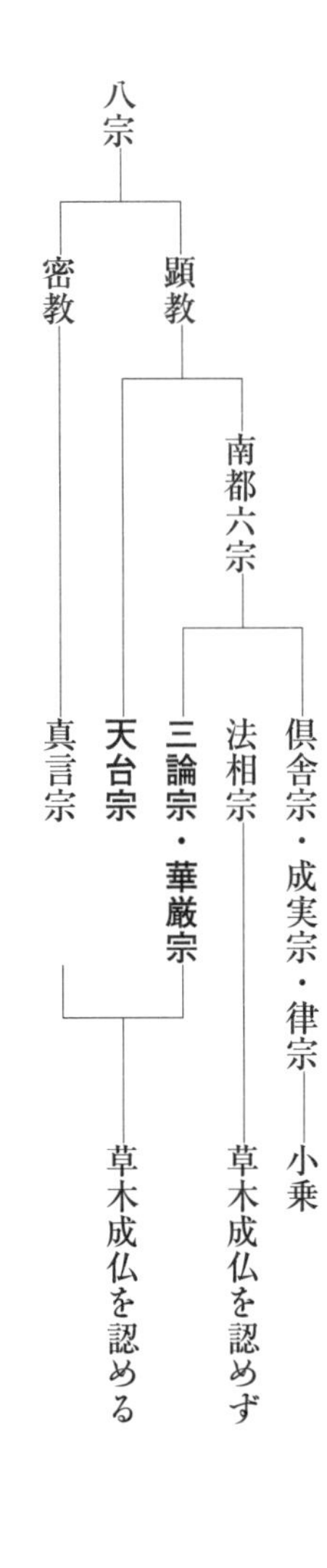


〔2〕以下で、かなり立ち入った具体的な論が問題とされるのに対して、〔1〕は、比較的一般理論的、概括的な論が取り上げられている。そこで、これらの諸宗の主張の論点を見てみよう。

### 天台宗の草木成仏説

まず天台宗においては、第二問答で、主体と客体の別を立てる立場を否定し、草木がそのまま心（草木即心（そうもくそくしん））であって、主体と客体の区別がなく、物質と心が不二（色心不二（しきしんふに））であるのが円（えん）教（ぎょう）の立場であるとする。ここで、円教というのは、天台の四教の最高の立場である。四教というのは、以下の四つである。

**蔵教**（ぞうきょう）**——三蔵教ともいう。小乗の立場。経・律・論の三蔵に基づく。**
**通教**（つうぎょう）**——小乗と大乗の共通の立場。**
**別教**（べっきょう）**——純粋な大乗の立場。二項対立。**
**円教——大乗と小乗の区別を超えた最高の立場。円融一如。**

別教では主体と客体、物質と心などの区別を立てるが、円教はそのような二項対立を超えた全体性の立場ということができる。そこでは、世界は一体化して、草木と衆生の心の区別がなくなるのが覚りの世界であり、それが草木成仏ということだとされる。仏教は基本的に心を重視するから、物質と心の一体化は心の側に回収される。その意味では唯心論ということができる。

ここで大事なのは、円教の立場は、凡夫にとってはあくまでも理論的な可能性に留まり、現実的なものではない。それが実際に実現するのは仏とならなければならない。それ故、第三問答では、仏の眼（仏眼〈ぶつげん〉）で見ると「草木がそのまま心であり、そのまま存在の本性」だともいわれる。仏の立場から見れば、この世界すべてが覚りの世界ということになる。この原則は、安然が取り上げる説の多くに共通する。これらの説では、衆生と草木が一体とか、物質と心が一体といっても、実際には衆生の側がそのことを理解し、修行し、覚りを開くことが必要である。その点で、両者は平等ではなく、衆生の側のはたらきが草木成仏の前提となるのである。

では、このような天台宗の立場を、安然はどのように批判するのであろうか。これらの見方では、個々の草木が仏の三覚（自ら覚る、他を覚らせる、完全な覚りに達するという覚りの三つのあり方）や三十二相（仏の具えている三十二の身体的特徴）を具えて成仏するということではない（第八答）。そのことが、安然のコメントで批判される。安然は、草木であっても、成仏すれば三覚を具え、仏としての相好（身体的特徴）を具えていなければならないと主張する。草木が衆生と同格で、主体となって成仏しなければならないというのである。これは、はっきり言って奇妙な主張である。それが何を意味するかは、後で考えてみたい。基本的に言えば、この対立がほぼ本書の全体にわたって繰り返される。なお、天台宗に関しては、〔2〕〔3〕において、より詳しく議論が展開される。

## 華厳宗の草木成仏説

次に、華厳宗の説が取り上げられる。華厳宗は、唐代に盛んになり、日本では奈良時代に東大寺を中心に取り入れられ、大仏の思想的根拠となったことで知られている。ここでは、その説として、「存在の本性が（万物に）融合貫通しているという見方」（法性融通門）と「縁起によってあい寄り合っている見方」（縁起相由門）という点が挙げられる（第一答）。華厳宗は、世界中のあらゆる物が相互に関係しあっているという重々無尽の縁起を説くところに特徴がある。それを十の観点から説くが、ここで取り上げられたのは、そのうちの二つである。万物の相互関係の様子は、しばしばインドラ神（帝釈天）の宮殿の飾りのネット（因陀羅網）に喩えられる。そのネットは宝石の珠によって結び合わされ、その宝石に世界中が反映しあうという、壮大で壮麗な世界観である。

この立場だと、万物が相互に関係しあうのであって、有情も非情も同等になるように思われる。それならば、安然の立場に近そうである。しかし、安然はそれでは不十分だと考える。何故ならば、このような世界が抽象的な理論に留まらず、現実に実現するためには、やはり有情の側が仏となり、環境世界を開放しなければならないのであり、その責任は有情の側にあることになる。安然は、それに対して、あくまでも草木の浄心がそれ自身発心し成仏するというのでなければならないという。やはりその対立が残される。

### 三論宗の草木成仏説

三論宗の説は、『三乗信数』という現存しないテクストを引用する。おそらく日本で撰述されたものであろう。ここでは、摂論師の説と三論師の説が並列されている。摂論師（摂論宗）というのは、三論宗に先立って、日本に導入されていた一派で、真諦訳の『摂大乗論』に基づき、如来蔵系の思想を展開したが、三論宗や法相宗に吸収された。三論師（三論宗）は、龍樹（ナーガールジュナ）の中観派の説に基づいて中国で形成された一派で、空を強調するところに特徴がある。

ここでは、摂論師の説として、物質と心が二元的なものでないことを論ずる。しかしその後で、三論師の説は、確かに物質も心も因縁（縁起）で成立しているという点では同じだが、心は物質の制約を捨てていくことで覚りに達するのであるから、覚りに達するのはあくまで衆生の心であり、物質それ自体の成仏は認められないとするのである。それに対する安然のコメントは当然予想される通り、物質と心の完全な同等性を主張する。その際、四条の批判のうち、最後に『大乗起信論』を引いて、「真如が縁に随って一切存在へと変化する」ということを取り上げているのは注目される。これは随縁真如と呼ばれる説であるが、後述のように、安然はまさしくこの説を中核に置いて、草木も衆生も同等であることを主張するのである。ここにその安然の立場の一端が示されている。

以上、諸宗の論には、安然によって批判される草木成仏論の基本的なパターンが示されている。それは各宗によって異なるものの、結局のところ、有情と非情は完全には同等とみなされず、有情の側の成仏が優先され、それによってはじめて世界全体が仏の世界となることで、非情の成仏が成り立つとするのである。本書で以下に論じられる諸説も、煎じつめればほぼ同じ結論に帰着する。それはあえて言えば、この環境世界を浄化し、完成させていく責任は有情、具体的には人間にあるということである。確かにそのほうが納得しやすく、安然以後でも、証真など徹底的にその立場から安然などの説を批判する。安然自身も、『菩提心義抄』などでは、このような説を全面否定せずに、一定の評価を与えるようになる。

それに対して、本書での安然の説は、一草一木が自立して成仏し、それぞれが仏のすがたを取るというもので、草木自成仏説と呼ぶことができる。どのような根拠でそのような説が成り立つのであろうか。また、何故そのような説を主張するのであろうか。本書ではその答は十分には出されないのであるが、その問題を念頭に置きながら、先の展開をみていくことにしよう

## 第3節 心の真理と草木成仏

### 唐決における議論

天台宗に関しては、安然がそこで学んだ場でもあり、内容的にも詳しいと同時に、情報も多く持っていた。『斟定私記』では、次に〔2〕で特に唐決(とうけつ)を取り上げながら、天台の理論に基づく草木成仏の問題をさらに検討していく。唐決は、日本の天台僧が、教学上の疑問を問うたのに対して、中国の僧がその答を寄せたものである。天台の理論は最澄が中国から伝えたものであるから、中国の学僧の説は権威あるものであり、今でいえば、留学生と留学先の指導教授のような関係である。

唐決には、最澄問・道邃(どうすい)答、義真問・答(答者未詳)、光定(こうじょう)問・宗頴(しゅうえい)答、円澄(えんちょう)問・広修(こうしゅう)答、円澄問・維蠲(ゆいけん)答、徳円問・宗頴答などが知られ、やや時代を下っては源信問・知礼(ちれい)答が遺されている。内容的には、天台の教理や修行の階位の問題などが問われているが、草木成仏はその中でも重要な主題であった。これらにおいては、天台の開祖智顗や唐代天台中興の祖湛然の著作が依りどころとされ、その解釈が中心的な問題とされている。

## 円澄の問と広修の答

それでは、『斟定私記』に引用される唐決はどのようなものであろうか。まず〔2・1〕では、円澄問・広修答の第二〇問を取り上げる。そこでは、『摩訶止観』巻一の「一色一香無比中道（わずかの物質もわずかの香りも中道でないものはない）」に対する湛然の注釈『摩訶止観輔行伝弘決』（『輔行』）の文が取り上げられている。『摩訶止観』のこの文は、円頓止観の立場を表わす文句としてよく知られている。円頓止観は、天台の最高の立場であり、この世界をそのまま完全な覚りの世界と観ずるものである。即ち、どんなわずかの目に見えるものでも、香りであっても、すべてが最高の真理そのものに他ならないというのであって、天台の究極の立場を示すものとして、しばしば引かれるところである。

このことを説明するのに、湛然はその注釈『輔行』で無情仏性を十条にわたって説いている。世界中のあらゆることが最高の覚りそのものだとしたら、無情もまた、有情と同じく覚りの世界そのものということになる。それ故、そこから無情成仏説が展開されるのは、自然な流れである。『輔行』のこの箇所は、直接無情成仏を扱った、同じ湛然の『金錍論』と並んで、中国における無情仏性説の代表的な議論であり、日本天台における草木成仏の議論に関しても最大の典拠とされる。

円澄が引くのは、その十条のうちのはじめの二条であるが、そこでは仏身という観点から論じられている。ここで採用されているのは、もっとも一般的な三身説である。


**法身（ほっしん）――真理そのものとしての仏身。この世界に遍満する。**

**報身（ほうじん）――修行の果報としての仏身。人格的な仏。**

**応身（おうじん）――衆生済度のために、相手に対応して取る仮りの仏身。化身。**


このうち、法身はこの世界の真理として見られた仏であり、それ故、無情にも遍満すると考えられる。それに対して、湛然はここで、法身だけでなく、三身は相即しているので、三身すべてが遍満していると説明する。即ち、三身といってもバラバラに分けられるものではなく、統合的なものであるから、法身だけ取り出すことはできないというのである。もっともそうは言っても、それだけでは無情の成仏がどのようなものか、具体的に説明されているわけではない。

円澄の疑問はその点に関する。もし三身が有情にも無情にも遍満しているとすれば、有情と無情の区別はなくなるはずだというのである。具体的に、三つの問題点を挙げる。

**①有情に認識作用があるのであれば、無情にもあるはずだ。**

**②有情が発心・修行・成仏するのであれば、無情も同様のはずだ。**
**③有情を殺害すれば罪になるのであれば、無情の場合も同様だ。**

②は無情の成仏の問題であるが、①③は必ずしも成仏とは関係ない。しかし、有情と無情の差異がなくなれば、こうした疑問が出るのもおかしくない。①は認知機能に関する問題で、植物にどこまで精神作用があるか、というのは、今日でも問題とされる。③は倫理的な問題に関する。動物を食べるのが倫理的に否定されるのであれば、同じ生物体である植物はかまわないのか。実際、インドのジャイナ教の厳格な立場では、植物を食べることも問題視される。

## 広修の誤解

円澄の疑問に対して、広修はいささか誤解しているようである。即ち、円澄の疑問を、「有情が成仏するのに随う」から無情も成仏するのだという意味に解している。これは草木自成仏説ではなく、通常の天台の立場に立つものである。従って、広修の答は一般的な説を出るものではないが、その中に興味深いところも見られる。

一つは、有情と無情の一体性を論ずるのに、身体の場合を例としていることである。確かに身体は有情ともいうことができるが、物質的ということでは無情でもあり、有情と無情の両義性を持っている。それ故、身体の成仏ということを考えれば、有情の成仏であると同時に無常の成仏でもあるというのである。身体論は、後に密教において重要な課題となるが、すでにここにその一端が示されている。

ここではまた、身体の殺害ということから、非情の殺害という問題へも接近している。もしも身体が地・水・火・風という自然的要素からなっているものとすれば、それを殺しても問題ないはずなのに、それが罪となるのは、有情と合一しているからだ、というのである。あるいは、金銭を盗むということも取り上げている。金銭は物質であるのに、それを盗むと罪になるのは、それに有情的な性質があるからではないか。つまり、そこには人間による意味付けが与えられて、それで罪が生ずるのである。これは自然物に対して人間によって与えられた意味という問題を指摘している点で、成仏論とはいささかずれながら、興味深い哲学的な問題の提示ということができよう。

いずれにしても、最終的に広修が主張するのは、「まさしく一樹一石が必ずや成仏して説法するということを求めてはいけない」ということに帰着する。有情を離れて無情だけが独自に成仏したり説法したりすることはあり得ないというのである。安然は、この広修の答に不満である。あくまでも「一樹一石が成仏して説法する」はずだというのである。ここではそのことを、『金錍論』によって論証しようとしている。しかし、じつは『金錍論』では、「一草一木一礫一塵がそれぞれ仏性を持ち、成仏する」という説を否定して、重要なのは有情の成仏だという結論を出しているのであり、安然とは逆のことを主張している。安然はそれを自覚的にか、あるいは誤解によるのか、逆の方向に理解し、草木自成仏説を主張しているのである。

## 円澄の問と維蠲の答

次に〔2・2〕で、安然は同じ円澄の問に対する維蠲の答を取り上げる。維蠲の答は、一心三観（いっしんさんがん）や一念三千（いちねんさんぜん）の理論に基づいて答える。一心三観も一念三千も天台の根本理論であるから、少し解説しておこう。一心三観は、この私たちの心の中に三つの真理のあり方（三諦（さんだい））を見るというものである。三諦というのは、以下の三つである。

**空――一切存在は実体性を持たない。**
**仮（け）――空ではあるが、何もないのではなく、事物は現象として存在する。**
**中――空・仮のいずれにも偏らない根本的なあり方。**

一念三千というのは、衆生のわずかばかりの心（一念）の中に、世界のすべてが含まれているというもので、天台の最高の真理の表現である。三千というのは、十界×十界×十如是（にょぜ）×三世間で三千となる。これだけのことが、わずかの心の動きの中に含まれているというのである。

十界というのは、地獄・餓鬼・畜生・修羅・人（にん）・天・声聞（しょうもん）・縁覚（えんがく）・菩薩・仏の十の生存領域である。即ち、有情が輪廻する迷いの世界である六道に、覚りの領域に属する四つの聖なるあり方

（四聖）を加えたものである。私たちのわずかな心の動きの中に、地獄から仏まで、このすべての十界の要素が含まれているというのである。さらに、その十界のそれぞれが他の九界を含んでいるというのが、十界互具といわれる。十界互具は、地獄の中にも仏の要素があり、仏の中にも地獄の要素があるというのであり、だからこそ地獄の衆生にも覚りの可能性があり、他方、仏が最悪の地獄の衆生の心も理解できるのである。私たちの心は、絶対的にすべてよいことばかりでもないし、逆にどんな悪人でもどこかに善良な心が潜んでいる。善と悪とが複雑に混合しているところにこそ、私たちの心の不思議さがある。十界互具説は、その心の不思議さを理論化したきわめてすぐれた思想である。

一念三千説は、それにさらに十如是と三世間を掛けあわせる。十如是というのは、相（様相）・性（本性）・体（本体）・力（能力）・作（作用）・因（原因）・縁（機縁）・果（結果）・報（果報）・本末究竟等（これらすべてが完全で平等であること）という十のカテゴリーであり、衆生の心はこのようなさまざまな観点から捉えることができるというのである。三世間についてはすでに触れたが、世界を五陰（蘊）世間・衆生世間・国土世間の三つの領域から見るものである。衆生のわずかの心の中に、これだけのことがすべて含まれているというのが、一念三千である。

### 一念三千＝十界×十界×十如是×三世間

ちなみに、先に述べた三千大千世界の場合の三千（千の三乗）とは意味が異なっている。
ところで、維蠲の答は、このような天台の心の理論に基づいて草木成仏を説明しようとする。即ち、衆生の心にすべての真理が含まれるというところから、そのような最高の真理の立場は、すべてが渾然一体化して、心と対象というような区別がなくなって完全となった世界であるから、草木もまたその覚りの世界の中に含まれるというのである。このように覚りの立場から草木成仏を論ずるのは、〔1〕にも見えた基本的な見方である。

このように、維蠲の答は、天台の原則からすれば、模範的とも言えるものであるが、安然はそれに対して、「日本の側の問の本意は、有情と無情とが観察の外にあるかということを問うたのではない。ただ、草木が自分だけで発心・修行・成仏するかどうかということを疑ったのである。ところが和上（かしょう）の答はこの問に対応していない。それ故、有情に円満な観察が起ることは理解できても、無情の草木も有情のように発心・修行して、このように観察するかどうかの疑いは解決できていない」と、答が全く問と嚙み合っていないと批判する。この場合も、安然はどこまでも「草木が自分だけで発心・修行・成仏するかどうか」ということに問題を集中するのである。

## 徳円の問と広修の答、光定の問と宗頴の答

〔2・3〕では、唐決の最後に、徳円問・広修答、光定問・宗頴答の二つをまとめて取り上げる。これは簡単なものであるが、安然はやはり、「両和上の答はいまだ無心の草木が自ら発心するか

どうかの疑いを解決することができていない」としている。

以上のように、安然は唐決を取り上げる中で、日本側が非情の草木がそれ自体で発心・成仏するのかと問うのに対して、中国側の答がそれに正面から答えていないと批判している。確かに、日本側の問は、そのような内容が多いが、必ずしも日本側が草木の自発的成仏を積極的に主張しているとは言い切れない。あくまで質問であり、このような疑問は、すでに湛然の『金錍論』でも提示されている。従って、素朴な疑問と言うこともできる。それに対して、中国側の答は基本的な教理に随ったものであり、その点でもっともなところと肯くことができる。

ところが、安然はその中国側の答を批判し、あくまでも個々の草木の自発的な発心・成仏にこだわる。それが積極的に認められなければならないというのである。それ故、草木の自発的発心・成仏は安然によって非常に強く主張されている。だが、何故それほど草木の自発的発心・成仏にこだわるのか。また、それは具体的にどのようなことを意味するのか、まだこれだけでははっきりしない。

ちなみに、安然は唐決を引用しながら、あくまで日本側の問いの適切さと、それを理解できない中国側の答の不十分さを対比しているようにみえる。安然は、『教時諍論』で、「(禅・天台・真言の) この三法を具備しているのは、我が比叡山のみである。インド・中国では、このように盛んということを聞かない」と、日本でこそ仏法が盛んになっていることを誇っている。唐決の時代には、日本側は中国に教えを乞う立場であった。その一時代後の安然は、中国を批判し、日本側の問題意識こそ適切なものと評価が転換している。これまでの中国中心主義から、日本独自の問題を深めていく時代へと推移していることが知られる。時代そのものが、中国偏重から日本独自のものを生み出そうという時代に変わりつつあった。安然は仏教思想の面で、その変化を象徴しているということができる。安然が入唐しようとして果たせなかったことが、安然にその覚悟を決めさせたのであろう。

## 第4節 草木成仏論の深化

以上、諸宗の草木成仏に関する議論と、唐決における中国の天台僧の答を引いて、それぞれを批判した。次は、まさしく安然が身近に関わっている議論であり、それを通して、次第に議論が深められ、安然自身の考え方が明らかにされていく。

### 1 論義の中の草木成仏

#### 貞観年中の論義

最初に〔3・1〕で取り上げるのは、貞観年中（八五九－八七七）に実際に行われた議論である。これらは実際に行われた議論であるが、このような仏教の教理に関する議論は、「論義（ろんぎ）」と呼ばれ、法会に際して儀礼性を伴って行われた。天台宗では、延暦寺において十一月の天台大師智顗の命日を記念して行われる霜月会が有名であり、最澄の時代にはじまる。ここで最初に挙げられている貞観十一年十一月の法華会というのは、この霜月会のことである。『法華経』八巻とその開経『無量義経』、結経『観普賢経』の計十巻を十日間にわたって講ずる。そのときの講師は、草木自発心・成仏を否定している。

そこで遡って、貞観初年の論義を挙げる。このときは慈覚大師円仁が在世で判定をしている。円仁は、貞観六年（八六四）に亡くなっているので、それ以前のことである。草木自成仏説が立てられたが、批判を受けたのに対して、円仁が認めたというのである。師の円仁の承認は、草木自成仏説を取る安然にとって大きな自信を与えたであろう。ちなみに、ここで使われている未判・得題（得第）などは、後に論義が「広学竪義」と呼ばれる試験の意味を持つようになってから定式化される用語であるが、「得第」が合格、「略」が不合格、「未判」はいずれとも判定できない場合のことである。このように、実際の場での論義がリアルに示されている点で、この箇所は注目される。

安然はそのコメントで、「（草木が）成仏するかしないかの論があるが、いまだ明らかに草木が成仏するかどうかの具体的な展開がなされていない。論破する側も立論する側もそれぞれ考えはあっても言葉に出していない（意許）からである」と述べているのは、本書述作の動機を語るものとして重要である。「意許」というのは、因明（仏教論理学）の用語で、心の中で思っていても言葉として表わすこと（言陳）がなされていないことである。即ち、草木自成仏を認める側も否定する側も、十分にその議論が言説化されて展開されていないというのであり、だからこそ、安然としては両説をきちんと言説化して展開した上で、草木自成仏を認める自説を論理的に証明しようというのである。〔3・2〕〔3・3〕がかなり詳細に論じられるのは、このためである。

## 2 心の理論の深化と草木成仏

### 草木自成仏説を否定する問答

〔3・2〕では、当時の草木自成仏説を否定する論を問答の形式で詳しく紹介する。〔3・3〕が架空の問答であることを明記しているから、それと対比して、ここはそっくりそのままではないとしても、おそらくはそれに近い議論が当時なされていたということであろう。内容から見て、これも天台宗内の議論である。

　ここでの草木自成仏説の否定は、十問答にわたって展開される。基本的に、すでに本書で取り上げられてきた議論と重複するところが多いので、一々その問答を追うことはしないが、根本のところは、第二答の「草木は心によって作られたもの〔心量〕であるから、心の中に収められる。ところが、それ（草木）には理法としての仏性〔理性〕がないから、自ら発心することがない。ただ内心の成仏に随うから、外なる対象も成仏するのである」というところに尽きているであろう。有情のみが成仏し、それに従って、環境世界の草木も仏の世界になるのであって、草木自成仏は否定される。それだけでは目新しいことはないが、以下の問答で、この問題がさらに深められて議論されているので、注目される。

## 『中陰経』の巧みな言い換え

まず取り上げるべきは、第九答にその論拠として、『中陰経』の「一仏成道観見法界、草木国土悉皆成仏」（一人のブッダが成仏して、世界を見ると、草木も含めて世界中がすべて成仏した）という文句が見える。第一章にも述べたように、本書はこの名文句の初出であり、その後、慣用句として広く用いられ、とりわけ謡曲に出ることで一般にも普及した。「中陰」（＝中有）は、この世界で死んで、次の生が決まるまでの中間的な存在であるが、『中陰経』は、釈迦如来がこの世界で滅度して中陰に生まれて説いた経典ということになっている。ところが、『中陰経』には、この文句は出てこない。ただ、妙覚如来（中陰における釈迦如来の名前）が、中陰をすばらしい世界に変えることを述べている。例えば、このように説かれている。

そのとき、妙覚如来は神通力でこの三千大千世界を、上は非想非非想天から、下は救いのない地獄に至るまですべて金色にして、みな妙覚如来と同様で、異なることがないようにした。三十二相八十種好をそなえ、円光は七尺に及び、みな宝の蓮華の高座に坐り、神聖な声で三千大千世界にまで説法を聞かせた。

おそらくこのような箇所に基づいて、安然が巧みに言い換えたものと思われるが、それがあまりに見事であったので、その形で人口に膾炙するようになったのであろう。もっとも経文自体は、天から地獄までのあらゆる有情が仏になるというのであって、草木国土が成仏するとは説かれていない。それを「草木国土悉皆成仏」と言い換えたのは、かなり大胆な改変である。

ここでもう一つ注意すべきは、安然はこの句をあくまで批判される側の説に引用するのであって、自説ではないということである。ここでは、「一仏成道観見法界」というのであって、主体である仏が成仏するときに、世界中がそれと同じような仏となって説法するというのである。安然の主張する草木自成仏説とは反することになる。ただし、後世、「一仏成道観見法界」を付けずに「草木国土悉皆成仏」だけでもしばしば使われ、その場合には、草木自成仏の意に解することも可能となるのである。

### 三種類の心

〔3・2〕でもう一つ注目されるのは、第十問答である。そこでは、『摩訶止観』等に基づいて、心に三種類の別があることを述べている。

**質多心（しったしん）（citta）——慮知心（りょちしん）**

### 汗栗多心(かりたしん)（hrdaya）―草木心

### 矣栗多心(いりたしん)（hṛdaya）―積聚精要心(しゃくじゅしょうようしん)（もっとも核心となるところを集約した心）

質多心の慮知の心というのは、認識や思慮分別を行う心であり、私たちが通常考える心である。それに対して、汗栗多心と矣栗多心は、もともと同じ梵語フリダヤで、心臓の意からきている。文字通りには心臓という身体機関として捉えられた心であり、肉団心(にくだんしん)とも言われる。そこから派生して、物の核心をも意味する。「核心」とか「中心」というところの「心」である。「積聚精要心」というのは、まさしくそのところを指している。それを草木の心とするのは分かりにくいが、草木の芯となるところ、ということであろうか。それ故、「心」と言っても、慮知心と汗栗多心・矣栗多心とはかなり違い、後者は必ずしも普通の意味の「心」ではない。

「ある人」は、『摩訶止観(まかしかん)』や湛然の注釈『輔行伝弘決(ぶぎょうでんぐけつ)』などの解釈を受け入れ、慮知の心である質多心が発心・成仏するのであり、草木の心である汗栗多心ではないとする。天台では、このような私たちの日常の心のはたらきを重視する。天台の立場に立つ限り、『摩訶止観』は基準となるものであり、「心の外に存在はなく、存在の本体が玄妙であるのを仏と名付けるのである。草木が一一発心・成仏するというわけではない」という「ある人」の主張は説得力を持つものである。

## 天台論書の大胆な解釈

さて、それではこのような「ある人」の議論に対して、安然はどう答えるのであろうか。発心・成仏する「心」とは何か。議論はようやく深められ、核心に近づいてくる。安然のコメントは十条にわたり、非常に詳しく、本書中でももっとも力を入れて書かれている。これらにおいては、草木自成仏説を否定しているかのように見られる中国天台の祖師の著作が、じつは草木自成仏説を認めているのだ、ということを証明していく。

第一条――唐決によりながら、心の問題を論じ、天台の立場から心の絶対性を言う。
第二条――智顗の四つの思念の対象（四念処）の問題を取り上げ、その心の特質を言う。
第三条――湛然の『止観義例』によって、草木にも実践的な仏性（行仏性）があることを言う。
第四条――「一色一香無非中道」に関する『輔行伝弘決』の説明を取り上げ、「わずかの塵もわずかの身体も三身・三徳（法身・般若・解脱）の本性・種子でないものはない」のであるから、草木も成仏することを言う。
第五条――『金錍論』により、無情にも仏性のあることを言う。
第六条――最澄の『法華秀句』に関する誤解を解く。

第七条――さまざまな論書により、非情が転じて有情となること、本来は非情も有情であることを明らかにする。
第八条――引き続いて非情が有情に転ずる問題を論ずる。
第九条――さまざまな論書により、質多心・汗栗多心・矣栗多心などの問題を論ずる。
第十条――『金錍論』により、有情と無情の区別がないことを言う。

以上のように、各条はそれぞれ天台の論書の解釈を中心としているが、じつはかなり大胆に解釈を加え、安然独自の説を展開している。その主要な論点は結局のところ、次の二点にまとめられるであろう。

1、有情と非情の区別はなく、すべては有情だと言える。
2、その根拠として、「心」が通常考えられるようなものではなく、もっと根源的なものだということが挙げられる。

第一点に関しては、特に注目されるのが第七条、第八条あたりである。第七条では、非情が有情に転ずる可能性について、単に抽象的な議論に留まらず、非常に具体的な例を挙げている。例えば、『法華文句』を引いて、水の精が女性の身体に入り子供が生まれたという話を挙げる。これは、「水や火の精が女性の身体に入って有情となった」ということであるが、それに関して二つの解釈を挙げる。即ち、「第一に、有情が水や火の精と一緒になって母胎に託生したのである。第二に、非情の水や火の精が有情となったのである」の二つであるが、安然は明らかに第一の解釈を批判して、第二の解釈のほうを採用している。即ち、「非情を転じて、実際に有情となす」ということだという。

さらに安然はもう一歩進める。即ち、「『非情』と言っているのは、仮りに世間の執著に従ってそう呼んでいるのであり、その本性という点から論ずるならば、本来有情」だというのである。非情と有情の区別は取り払われ、すべては有情とされる。これはかなり過激な主張と言ってよい。もしそれが認められるならば、草木も有情であることになるから、自ら発心・成仏することも当然となる。

この立場から、第十条では『金錍論』を解釈する。すでに述べたように、『金錍論』は湛然の著作であるが、中国天台においてもっとも詳細に無情成仏論を述べた著作として重視された。その説は、まさしくコメントの第十条に引かれるように、「一一の有情の心は遍満しており、仏性も遍満しており、心は具わっており、仏性も具わって」いるということであって、一々の草木に仏性が具わり、自ら発心・成仏するという説は否定している。

ところが、安然は大胆にもこの『金錍論』の説を解釈し変えて、「一一の草木をすべて一一の有情と名付け、もはや無情の名を残すことを認めていない」と主張する。即ち、草木が無情であるならば、自ら発心・成仏することはあり得ないが、もしあらゆるものが有情であり、草木もまた有情であるならば、草木が自ら発心・成仏するというのも全く当然のことになってしまう。このように、安然はきわめて強引に自説を主張し、もともとは草木自成仏説を否定しているはずの中国天台の著作を、草木自成仏説肯定の方向に解釈し直し、自説の補強としてしまうのである。

### 埋められた「心」の理論

だが、無情と有情の区別はなく、すべては有情だと言っても、それだけでは十分な説得力を持たない。その論拠が必要である。安然は、それを「心」の理論を深めるところに求めていく。第一条では、「唯識（ゆいしき）」と「唯心」とを区別する。唯識は、よく知られているように、インド大乗仏教において展開し、東アジアでは法相宗として受け入れられた説であるが、外界を識（認識作用）に還元して、識のみがあるのであって、外界は非実在だとする。安然は、それではどこまでも外界と識とを対立させた上で、外界を否定するのであり、両者の対立がなくなるわけではない、と批判する。この立場では、草木などの無情は有情の識に還元され、それ自体としての発心・成仏は成り立たない。

安然は、このような唯識と区別して、「唯心」を主張する。唯識が「有情の心は無情の対象を離れない」のに対して、唯心は、「心の全体がそのまま物質の全体」なのである。「(天台）宗の説では、心は全体として物質であり、物質は全体として心である。有情の心が物質を離れないから心と物質が不二だと言うのではない」と主張している。これはどのようなことであろうか。

ここで言われている「心」は、個人の心から出発しながら、もはや個人という枠に留まっていない、全世界的な心である。そこでは、心と対象物質とは二元的に対立するものではない。世界全体を「心」と言ってもよく、「物質」と言ってもよい。西洋哲学に比較を求めれば、ヘーゲル的な客観的観念論と言ってもよい。ヘーゲルにおいては、「精神」は個人の心に局限されるものではなく、客観精神として、この世界を展開させていく根本原理となる。

東アジアの仏教においても、心の問題は大きな議論を呼んだ。もともとの天台においては、心は個人の心であり、それを対象として精神を集中することで、境地を深めていくことが求められた。一念三千の「一念」、一心三観の「一心」は、いずれもこのような日常的な心のあり方である。ただし、その日常的な心がじつは深い真理を宿しているという発見こそが、天台智顗の思想の核心である。ただし、智顗は心に固執するわけではない。「一色一香無非中道」と言われるように、わずかの心だけでなく、わずかの物質もわずかの香りも、すべてが最高の真理を含んでいるというのである。

## 『大乗起信論』の誕生

ところが、唐代の華厳思想においては、心を個人の心に限定せず、世界の根本原理とされるようになった。このような心の捉え方のもとになるのは、『大乗起信論』という論書である。馬鳴（めみょう）

（アシュヴァゴーシャ）作とされるこのテクストは、近代の研究では中国で作られたものではないかとも言われ、その思想の正統性が疑問視されるようになっている。本書は、「衆生心」（衆生の心）の分析を課題とするが、それを「一心」として捉え、その一心が「一切の世間法と出世間法とを摂す」と言われるように、世俗の存在も世俗を超越した聖なる世界の存在も、すべてがこの一心の中に含み込まれるといわれ、一心は世界の根本原理とされる。もともと『華厳経』には、「三界唯一心」という思想がある（「三界」は、欲界・色界・無色界で、この全世界のこと）。中国の華厳思想では、この『華厳経』の思想に『起信論』の「一心」を重ね合わせ、それを世界の根源であり、起源であると解するようになったのである。

天台系と華厳系の「一心」の理解は、いわば「一」の解釈の違いとも言うことができる。「一」は、ごく小さいことを意味すると同時に、「唯一」などと言われるときは、絶対を意味するようにもなる。このように「一心」は極小と極大の両極端を意味しうることになる。天台系の「一心」が極小であるのに対して、華厳系の「一心」は極大の絶対を意味するのである。

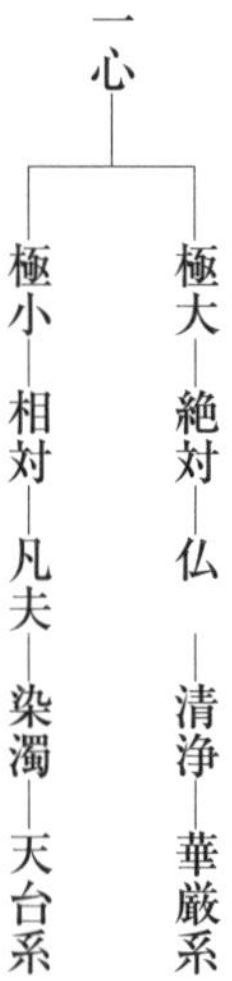

一心
- 極大—絶対—仏—清浄—華厳系
- 極小—相対—凡夫—染濁—天台系

じつは、宋代はじめ頃には、この華厳系の「一心」の思想が天台のほうにも大きな影響を与えて、天台内部で論争が起こるのであるが、それはもう少し後の時代のことである。しかし、すでに最澄には華厳系の思想の影響がうかがわれるとも言われ、また、空海は『起信論』の注釈書である『釈摩訶衍論（しゃくまかえんろん）』を多用していて、その影響が強く見られる。後述のように、安然も後期の著作で『起信論』『釈摩訶衍論』の系統の思想に基づいて論を展開している。

『斟定私記』の文章をいささか離れてしまったが、本書の草木自成仏論を理解し、それが後期にどのように展開していくかを考える際に、このような心の思想の二側面を理解しておくことは不可欠である。安然は、天台的な極小の一心を華厳的な絶対的な一心に転化していくことで、有情と無情の同質化を図っていく。

このことは、コメントの第九条でよりはっきりする。そこでは、「ある人」の問答の第十に出てきた心の種類が問題とされる。安然はこのコメントでまず、天台の一般的な解釈を受け入れる。それによれば、「慮知の心」である質多心がなければ、発心・成仏は不可能であり、汙栗多心や矣栗多心は発心・成仏できないと考えられる。常識的に分かりやすい説明である。

### 汙栗多心の解釈の展開

ところが、最後に来て、安然はこの常識的な説をひっくり返す。汙栗多は単に草木の心というだけでなく、次のような意味を持ちうるという。

①（心の）さまざまなはたらきが積集すること
②真知の浄らかな心
③諸菩薩の心の真言
④行者の胸の肉団心（心臓）で、しかも覚りの心（菩提心）

これによると、汙栗多心は慮知心を超えた根本の心ということになる。しかも、それが行者の心臓そのものであると同時に、覚りの心だというのである。安然は、この汙栗多の解釈を、『真言疏』に根拠を求める。『真言疏』というのは、一行の『大日経疏』（台密では『大日経義釈』と呼ぶ）のことであり、日本の密教では『大日経』を読むのに、必ずこの注釈に基づくという重要な文献である。ただし、『大日経義釈』にこのような説がきちんと出るわけではなく、ここでも安然はかなり大胆に自説に従って整理している。

この箇所はきわめて注目される。第一に、天台のさまざまな文献を引いてそれを認めるかのように見えながら、最後のところで密教書に根拠を求めて、それをひっくり返すのであり、安然の密教志向が見て取れる。『斟定私記』は安然の若い頃の著作で、密教的な要素は少ないが、このようなところに、後期の密教論の大成につながるところが見て取れる。

第二に、こうして最後のところで、質多心＝慮知心ではなく、そのもっと根源の心として汙栗多心を立てることになる。先に触れたように、安然は心の理解に当って、天台的な日常心から、華厳的な根源心へと進んでいった。ここで安然は、植物心とされた汙栗多が、密教的にはそれに留まらない根源的な意味を持ち、それがそのまま覚りの心になるとしているわけである。こうなると、一切存在は、世界の根源的な汙栗多心に基づいているのであるから、草木だからと言って、有情と差別される根拠はなくなることになる。

こうして、コメント第十条の最後には、「一切の世間の有情も仏も木石もただ一心である」と言われるようになる。この「一心」は、さらに〔3・3〕では、「真如」と捉えられるようになる。こうなると、草木自発心・成仏と言っても、当初予想していたのとはだいぶ違う哲学的議論に展開していくことになる。

## 3 草木成仏に関する補足的な説明

### 自ら反対に立つ架空の問い

〔3・2〕で、安然の議論はかなり深められてきた。「草木が自ら発心・成仏する」ということが、本書のはじめから盛んに言われてきたが、何故安然がその説にそれほど固執するのかも、多少分かってきた。即ち、有情と無情の区別が失われ、根源的な「一心」「真如」に基礎付けられるということが明らかになってきた。

しかし、それでもまだ議論は十分に尽くされていない。何故ならば、「現に草木を見ると、確かに無心の存在であるから、世の人も成仏を認めない」からである。常識的に見れば、草木は無心であり、有情とは区別されるのであり、それ自身で成仏するなど、到底認められない。そこで〔3・3〕では、自ら反対論の立場に立って十問答を立てた上で、十条のコメントによって自説を述べるのである。ここでは、一々議論を追うことはせず、注目されるところだけ指摘することにしたい。

まず、問答の前に、「諸々の大乗経典の意味するところでは、衆生の業の力〔増上力〕によって、（諸人が）共通に造る業〔共造業〕で環境を感得する」という説を挙げていることが注目される。これは普通には「共業」と呼ばれるものである。仏教の一般的な業論によると、有情はその行為（業）の善悪によって、来世の境遇が決まる。その際、主体のあり方（正報）だけでなく、その環境（依報）もまた、前世の業で決まるとされる。しかし、現実には環境は個人によって左右されるものではなく、他の人にも共通する。例えば、私の見る風景は、私だけでなく、他の人も見ることができる。そうとすれば、それは私という個人に対する果報というだけでは説明できない。それを説明するのが、共（造）業である。即ち、個人だけでなく、同じような業をなした人の共通の果報だというのである。しかし、それでは有情の死後も、その環境が独立して持続するということが十分に説明できず、安然の批判の対象となる（コメント第二条）。

この問題は次のように考えると、さらにはっきりするであろう。有情が生まれる環境（依報）

ということから言えば、それは無情だけではない。一人の有情にとっては、他の有情もまた環境の一部ということになる。例えば、私がどのような親から生まれ、どのような人と関係するか、ということも、私の生きる環境の一部である。それならば、私が死んだら、その環境である他の有情も消えてしまうのであろうか。そういうことはないであろう。そうとすれば、環境は私の業だけでもないし、また、共造業ということでも説明できない。このことは、第四問答で取り上げられているが、どうも解決できたとは言い難い。このこともまた、コメント第三条で安然の批判を受けることになる。

次に注目されるのは、「主託神(しゅたくしん)」という考え方である。第七問答で、人間の行為に自然が感応(かんのう)した話をいくつか挙げる。そして、それらは無情が感応したわけではなく、無情の草木の中にいる主託神が感応したのだ、という説を挙げる。ただし、第九問答では、この主託神説を自己批判し、否定している。その例として、死体の場合を挙げている。人が死んで死体となったとき、有情が無情になったと言えるが、その際に無情である死体に主託神がいて心のはたらきを持つとすると、死んで身体から離れた魂と、死体の中にいる主託神の心と、二つの心があることになってしまう、というのである。

この例は、有情と無情の転換ということが、両者を独立させてしまうと、理論的におかしくなってしまうことを意味し、両者が差異を持たないという安然の見方を成り立たせることになる。

このように、〔3・3〕の問答は、安然が自説に反する立場を立てて論ずるのであるが、それを突き詰めて考えていくと、矛盾が露呈して、かえって安然の説を補強することになるという構成になっているのである。一種の帰謬法的な方法である。

## 仏教論理学に基づく論証

それでは、安然が自説を積極的に述べるコメントの部分ではどのように言っているのであろうか。全体的な特徴として、各条で因明（仏教論理学）に基づいて推論式を構成して、論証しようとしていることが注目される。仏教論理学はインドで高度に発展し、アリストテレスの三段論法と等しい論証式の形式を確立した。三段論法は、大前提（BはCである）と小前提（AはBである）から、結論（AはCである）を導くものである。

大前提　　BはCである　（人間は死すべきものである）
小前提　　AはBである　（ソクラテスは人間である）
結　論　　AはCである　（ソクラテスは死すべきものである）

それに対して、仏教論理学の形式だと、次のようになる。

**宗**（しゅう）**（結論）　　あの山に火がある**

**因(いん)(小前提) 煙があるから**

**喩(ゆ)(大前提) 煙があれば火がある。焚火のように**

このように順序が異なっていることも注意されるが、それ以上に重要なことは、大前提が「喩」と言われるように、具体的な例喩を伴っていることである。このような論理学は漢訳されて東アジアでも用いられるが、もともとインドで持っていた厳密な論理性を失っていく。安然もまた、コメントでこの推論式を盛んに用いる。例えば、第四コメントでは、

**宗 あなたが執着する無情は当然有情であるはずだ**

**因 真如の変化したものだから**

**喩 有情のように**

ご覧になれば分かるように、論理的な厳密さを持っているとはいい難い。むしろ、因が単独で宗の理由となっており、喩は文字通りに類似の例喩を挙げていると見るほうが分かりやすい。ただ、論争術としては有効なものを持っており、その活用は十分に評価するに値する。特に、相手方の説を認めたとすると、不適切な結論に導かれるという一種の帰謬法を用いていることも注目される。

内容的には、すでにこれまでに示された有情と非情が区別されないということが中心であるが、その中で注目されるのは、第四条、第六条で草木成仏の根拠として、「真如」が取り上げられていることである。第四条の推論式では、「真如の変化したもの」だということが、無情も有情と同じように成仏する根拠とされている。また、第六条では、「一切存在がすべて真如である」と言われている。「真如」については、次項で論ずるように、安然の後期の主著の中心概念となるので、一切存在が真如の変容したものだというのが安然の真如一元論とも言うべき思想の中核である。その説明は後に譲ることにするが、それがすでに本書に見えることは、その真如論がすでに形成されつつあったことを示している。

なお、もう一つ触れておきたいのは、第八条で第四代座主安恵（あんね）（慧）（七九四－八六八）との問答を記していることである。安慧は草木成仏を否定していたのであり、その生前に安然は十分に答えることができなかったというのである。安慧は、貞観六年（八六四）に座主になっているから、それ以後、その入滅（貞観十年、八六八）の間にこの問答がなされたことになる。

円仁は草木成仏説を認めたが、その後に天台のトップに立って安慧はそれを否定したわけである。当時、天台界もこのように揺れていた。その中で、安然は本書によって断固として草木成仏説を認めたことになる。おそらく安慧との問答が、本書執筆の大きなきっかけとなったのではないかと想定される。

# 第5節　密教的草木成仏論へ

## 密厳浄土と課題

『斟定私記』は、以上のように、〔3〕までで草木自成仏を否定する議論を論破してきた。そして最後に、〔4〕でいよいよ円満完全な思想（円意）を問答によって明らかにすることになる。ところが、ここに至って、三問答が立てられるものの、その本格的な議論には至らないままに、本書は終わっている。明らかに完結したものとは言えず、未完と言わなければならない。

ただ、この三問答だけでも、その方向はうかがうことができる。第三問答では、それまで用いることのなかった密教経典をはじめて正面から引用している。そのうち、『守護国界経』（『守護国界主陀羅尼経』）の引用は注目される。そこでは、「鼻の先に満月の輪を観じ、唵の字を観想する」という、いわゆる月輪観を説いている。その月輪観の成就によって、次の『密厳経』に説くような密厳仏土（密厳浄土）が実現するというのである。その先、どのように展開するか不明であるが、この密厳仏土こそが草木の成仏した世界ということになるのであろう。

密厳浄土は密教で説く浄土であるが、極楽世界のように、この世界の外にある理想世界ではなく、この世界そのものが完全円満な仏の浄土だというのであり、そのことが密教的な行によって、明らかにされていくのである。

だが、それでは、結局のところ、有情が成仏するとき、環境である無情も成仏するということにならないであろうか。密教の無情成仏説は顕教とどこに違いがあるというのであろうか。それが、後期の安然の大きな課題となるのである。

### 密教的な理解へ

以上、『斟定私記』の内容をかなり詳しく検討してみた。何よりも特徴的なのは、安然がどこまでもそれぞれの草木が自ら発心・修行し、成仏するという、草木自成仏説を積極的に唱えていることで、本書に一貫した主題は、それに批判的な論を論破し、それを証明するということであった。確かに本書は、対立する説に対する論破はかなり詳細に行われたが（成功したかどうかはともかく）、草木自成仏説を証明し、自説を展開するというところは、不十分なままに未完に終わった。

しかし、そうではあるが、本書の中でも、安然のかなり個性の強い独自の説をうかがうことができる。従来の説は、有情と無情を区別し、無情の成仏は認めるものの、それは、「一色一香無非中道」という根本原則から、この世界が仏の真理を開示しているという理論的観点に依拠し、有情が成仏するとき、それに対応して環境世界である無情の世界も仏の世界に変わるという観点からするものが主流であった。

それに対して、安然は、有情と無情（非情）の区別を無化し、両者を全く区別のないものとして扱った。有情と区別された非情というものはないのであり、それ故、この世界に有情でないものはないということもできる。従って、有情が自ら発心・成仏するのであれば、非情である草木も同じでなければならない。そこから、草木自成仏説が主張されることになる。

だが、そのような極端な説がどのように証明されるのであろうか。本書の最後に示されたのは、一つは、もはや問題は顕教の領域に留まるものではなく、密教的な理解が不可欠になるということ、もう一つは、「真如」という概念の重要性であり、「真如」の普遍性が、有情と同時に非情の成仏をも可能にする理論的根拠となるのではないか、という見通しであった。その点の展開は、安然後期の密教思想を見てみなければならない。

# 第3章　草木成仏説の基礎付け

## ——安然の密教思想と草木成仏

## 第1節　草木成仏論の解決へ向けて

### 安然後期の大著へ

以上検討したように、『斟定草木成仏私記』は、当時安然が触れたさまざまな草木成仏説の形態を取り上げ、それらを検討する中で、自説として、一草一木が各自で発心・修行・成仏するという草木自成仏説に徹頭徹尾固執し続けた。だが、何故それが主張されなければならないのか、そして、どのような根拠によって説明されるのか、それは明らかにされたとは言い難い。ただ、いちばん最後のほうで「真如」の問題が出、また密教へと解決の方向が示された。しかし、その具体的な展開は果たされていなかった。

安然の後期の円熟した大著『教時問答』や『菩提心義抄』では、まさしくこれらの問題が詳細に論じられていく。まず、『教時問答』では、直接草木成仏の問題が扱われるわけではないが、密教の立場からの総合的な仏教論を展開する。その中で真如論が根本に置かれ、真如論に基づいた壮大な体系が打ち立てられる。そこで、まずそのような点を見ておこう。その後、『菩提心義抄』で論じられる草木成仏論を解明することにしたい。なお、『教時問答』も『菩提心義抄』も問答体で進められている。該当箇所は、拙著『安然・源信』に拙訳を収めたので、それに基づく。問答の番号もそれに従う（『教時問答』の該当箇所は、大正新脩大蔵経七五巻、三七四頁上段—三八〇頁上段）。

安然の議論は決して分かりやすいとは言えない。ここでは、できるだけ整理しながら、その議論の要点を検討していくことにしたい。最初に議論の方向を示しておくと、『教時問答』で、安然は多様な世界の真理を唯一の根源へと集約する。それが密教の大日如来である。それをさらに理論的に原理を探求して深めたときに、「真如」と呼ばれる。この世界はすべてが真如の活動からなっているのであるから、有情も無情もすべて真如そのものということになる。そうであれば、もはや有情と無情を区別することはできない。有情も無情も、人間も草木も、すべてが同一レベルで仏の世界の顕れと見られることになる。それ故、人が自ら発心・成仏できるのであれば、同じように草木も自ら発心・成仏できるのでなければならない。これが、安然が到達した草木成仏論の解決であった。

## 第2節
# すべてを統合する「一即一切」

### 『教時問答』

『教時問答』は、もともと教判論の解決を目指したものである。教判論は仏教の諸説に優劣を判定するものである。東アジアには、中央アジアを経てさまざまな仏教の形態が伝えられたため、それらをどのように整理し、評価するかということが大きな問題となった。今日、仏教の経典が歴史的に順次成立したもので、とりわけ大乗経典は遅れて成立したことは明らかになっている。しかし、すべての経典がブッダの説法したものとして伝えられたのであるから、相互にきわめて大きな矛盾もあり、その解決は切実な問題であった。その中で、もっとも有名で広く用いられたものに、天台の五時教判（ごじきょうはん）がある。これは、ブッダが経典を説いた順を五段階に分け、すべての経典をそれによって判定しようというものである。

第一時――華厳時。最初にブッダの覚りの境地を『華厳経』として説いた。
第二時――阿含時。それでは深遠すぎて人々に理解できないので、理解しやすい小乗経典の『阿含経』を説いた。
第三時――方等時。それで人々の理解が深まったところで、大乗経典を説いた。
第四時――般若時。より深い大乗思想である般若の「空」の思想を説いた。
第五時――法華・涅槃時。最後に、最高の真理である『法華経』を説き、『涅槃経』によって補った。

即ち、経典間の矛盾を、聴衆の能力に対応するためと解し、聴衆の側の理解力が深まるに従って、次第に高次の真理を説いていくというのである。
日本では、平安初期には諸宗の争いの中で、優劣の判定が大きな論争の種となった。その中で有名なものに、空海の『十住心論』がある。十住心は、私たちの心が世俗の状態から次第に仏教によって深められ、やがて密教の最高の真理に到達するまでを十段階に分けて論じたものである。

①異生羝羊心――羊のように欲望に満ちた凡夫の心の状態。道徳以前の立場。
②愚童持斎心――愚かな子供のようにひたすら道徳を守る状態。儒教など。
③嬰童無畏心――子供のような自由な境地。人界を超えて天に生まれる。

④唯蘊無我心（ゆいうんむが）――我々の存在を構成要素に分解してその無我であることを説く。小乗。
⑤抜業因種心（ばつごういんしゅ）――縁起の理に従って、悪業を捨て、善因を修める。やはり小乗。
⑥他縁大乗心（たえんだいじょう）――他の衆生の救済を志す大乗の立場。法相宗。
⑦覚心不生心（かくしんふしょう）――覚った心は不生不滅と説く。三論宗。
⑧一道無為心（いちどうむい）――唯一真実の無為の道を説く。天台宗。
⑨極無自性心（ごくむじしょう）――本性を持たない心のあり方の最高の境地。華厳宗。
⑩秘密荘厳心（ひみつしょうごん）――密教の奥深い真理に達した境地。真言宗。

このように、十住心による心の深まりは、別の観点から見ると、諸宗の序列付けという意味をも持っている。即ち、小乗から、法相宗・三論宗・天台宗・華厳宗と次第に大乗の高次の立場へと進み、最後に真言宗の密教の立場に到達するというのである。

### 「一」なる根源への還元

安然は、比較的若い頃の『教時諍』や『教時諍論』から、教判論の問題に深い関心を持っていた。これらの初期の著作で、安然はインド以来の教判論を網羅的に収集して提示したが、その結果、教判にはきわめて多様なものがあることが知られた。さまざまな対立する立場があり、どれが適切と一概に言い切れない。それでは、多様なままに放置すればよいかというと、それではただ無秩序にいろいろな立場があるというだけのことになってしまい、仏教の実践者として何をするのがいちばんよいのか分からなくなってしまう。

それでは、どうしたらよいのであろうか。その問題の解決を目指して、密教の立場から答を出そうとしたのが『教時問答』であった。その解決は、一言でいえば、多様なものはすべて「一」なる根源に還元されるというものであり、そのことによって、あらゆる多様性をすべて統合しようという究極的な一元論である。

『教時問答』の教判論は四一（しいち）教判と呼ばれる。「四一」というのは、一仏（いちぶつ）・一時（いちじ）・一処（いっしょ）・一教（いっきょう）という「四つの一」である。大乗仏教では、釈迦仏の他に、阿弥陀仏、薬師仏など、多数の仏を説き、それらの仏が、さまざまな時に、さまざまな場所で、さまざまな教えを説くという。しかし、それでは諸仏の教えはみなばらばらでまとまりの付かないものになってしまう。通常、教判と言えば、釈迦仏の説いた教えの範囲で、どのように体系付けるかが問題になるが、安然はその枠を超えて、あらゆるブッダの説法をすべて統合しようというのである。安然という思想家のスケールの巨大さを知ることができる。

『教時問答』冒頭の第一問答で、安然は自らの立場を、「真言宗では、一仏・一時・一処・一教を立てて、三世（さんぜ）・十方（じっぽう）の一切の諸仏の教えを判別し摂める」と簡潔に要約する。安然は天台宗に属するが、ここで真言宗というのは密教を総称するもので、天台宗の密教（台密）も含まれる。

しかし、実際には多数の仏がいて、さまざまな場所で、さまざまな時に、さまざまな教えを説いているではないか。それなのに、すべて「一」というのはどういうことなのか。それに対して安然は、「一切の仏を一仏と名付け、一切の時を一時と名付け、一切の処を一処と名付け、一切の教を一教と名付ける」（第二答）と答えている。通常、「一即一切」と言われる時、わずかな個別的な「一」が、全体を意味する「一切」と通じ合うことを言うのが普通である。しかし、ここでは逆に「一」は、すべてを統合する絶対の「一」であり、「一切」がその「一」に統合されるというのである。即ち、「一切」と言っても、じつはさまざまなものが単にばらばらにあるわけではなく、「一」なるものに集約されるのである。それを、第四答では、こう説明している。

**無始無終の本来の常住の仏を一切の仏と名付け、無始無終の平等の時を一切の時と名付け、中心がなく周辺もない法界の宮殿を一切の処と名付け、一切の（覚りに至る）乗り物に普遍的で自心のまま成仏できる教えを一切の教と名付ける。**

いささか難しい言い方であるが、「無始無終の本来の常住の仏」というのは、世界に遍満する永遠の仏ということであり、教学的に言えば「法身」と言われるものであり、具体的には世界そのもの、あるいは世界の万物すべてがそのまま仏だと言ってもよい。それ故、それは「一切」でありながら、「一」なのである。時・処・教に関しても、同じように言うことができる。

一仏＝一切仏＝無始無終の本来の常住の仏
一時＝一切時＝無始無終の平等の時
一処＝一切処＝中心がなく周辺もない法界の宮殿
一教＝一切教＝一切の（覚りに至る）乗り物に普遍的で、自心のまま成仏できる教え

このように、この世界の「一切」が、じつは「一」によって統合され、あらゆるものが「一」としての普遍性を持っているのである。こう見てくると、「四一」は教判論から出発しながら、それに留まらず、この世界の万物のあり方に関する深い哲学へと展開していくことが知られる。では、何故「一」によって統合されながらも、「一切」として拡散することになるのだろうか。「覚る以前には、仏・時・処・教が異なるが、覚った後には、仏・時・処・教は一つである」（第七答）からであるが、その理論的な根拠として、「真如」が重要な役割を果たすことになる。

真如・法界は物質と心の真実のあり方（色心実相〔しきしんじっそう〕）であり、平等なる（仏の）智慧の身体であることを「無始無終の本来の常住の仏」と名付ける。真如・法界においては（時間的な）長短が本質的に一体（一如）であることを「無始無終の平等の時」と名付ける。真如・法界が一切の処に普遍的であることを「中心がなく周辺もない法界の宮殿」と名付ける。真如・法界においては無量の（覚りに至る）乗り物を説くが、すべて真如・法界（に他ならない）自心のまま

の仏たることを成就していることを「一切の（覚りに至る）乗り物に普遍的で自心のまま成仏できる教」と名付ける。（第五答）

やや敷衍して説明してみよう。

一仏＝一切仏＝物質と心の真実のあり方が、そのまま平等なる仏の智慧である。
一時＝一切時＝時間的に長短があっても、本質的には一体である。
一処＝一切処＝一切の場所がそのまま普遍的である。
一教＝一切教＝すべてのものが自心のままに仏たることを成就している。

しかも、注目すべきは、これらの「一即一切」の説明が、すべて「真如・法界」のはたらきであることが言われていることである。即ち、唯一なる「真如・法界」が同時に万物に普遍的であることが、「一即一切」を成り立たせる根拠となっている。「真如」と「法界」はほぼ同義と考えてよいが、安然は中でも「真如」を中核において、その思想を深めている。それでは、その「真如」とは何であろうか。

# 第3節　根源としての真如

## 真如とは何か

ここで、仏教史の中での「真如」の位置付けについて、少し説明しておこう。「真如」はサンスクリット語のタタター（tathatā）の漢訳語であるが、これは、「そのように」の意である副詞タター（tathā）に抽象名詞を表わす接尾語ター（tā）が付いたものである。文字通りには、「そのようにあること」の意である。仏の同義語である「如来」の原語はタターガタ（tathāgata = tathā + [ā]gata）であり、「そのように行ったもの（あるいは、来たもの）」の意である。このように、「如」と訳される「タター」には、真理そのものの意が包含されている。ここから、「タター」は「真理」「真実」を意味することになる。

ところが、大乗仏教になると、この「真如」の語が多用されるとともに、単なる真理に留まらない万物のあり方として重視される。大乗仏教では、この世界は実体性を持たない「空」として捉えられるが、それを肯定的に表現したものが、「実相」「法性」「法界」などの語であり、「真如」もそれと同義と理解される。

さらに、如来蔵・仏性の思想が発展すると、真如はそれらとも同義とされるようになる。それが東アジアで大きく発展することになるのは、『大乗起信論』という論書を通してである。『大乗起信論』については、先に少し触れたが、そこでは、「一心」を解明するのに、心真如門と心生滅門の二門を立てる。心真如門は、心を真如と捉え、そのまま真理そのものと理解する。しかし、現実には心は煩悩に覆われて生滅している。そこで、そのような心の状態が心生滅門とされるのである。心真如門は仏が見た覚りの世界そのものであるのに対して、心生滅門はそれを凡夫の立場から見たものということができる。即ち、仏の立場から見れば、世界は真如そのものであるが、衆生においては煩悩に覆われているためにそれを直接見ることができず、迷いによって生滅する心生滅門の状態にあるのである。その生滅の状態から真如に戻るためには、真如が迷いの心にはたらきかけていく必要があると考えられる。その点からすると、真如はただ不動の状態にあるわけではなく、「真如の熏習」ということが行われる。「熏習」はもともと香りを染み付かせることで、唯識学の用語であるが、唯識学では「真如凝然」と言われて、真如そのものがはたらきかけることは否定されており、『起信論』とは異なっている。

これだけならば、一応分からないわけではないが、本書には、もう一つ真如の大きなはたらきが示されている。それは、「真如浄法には実には染なきも、但無明もて熏習するを以ての故に、則ち染相(ぜんそう)あり」と言われるように、清浄な真如に無明が染み付くことで、迷いの煩悩の心が生まれてくるということである。これは、この迷いの世界をいわば発生論的に説明するもので、「真如」は世界の発生原理ともなる。真如が無明に熏習されて迷いの世界が展開し、今度は真如が熏習することで煩悩を滅し、真如そのものに戻っていくことになる。その運動全体が心真如門ということになる。その過程を図示すると、次図のようになろう。

『起信論』における真如と生滅諸法

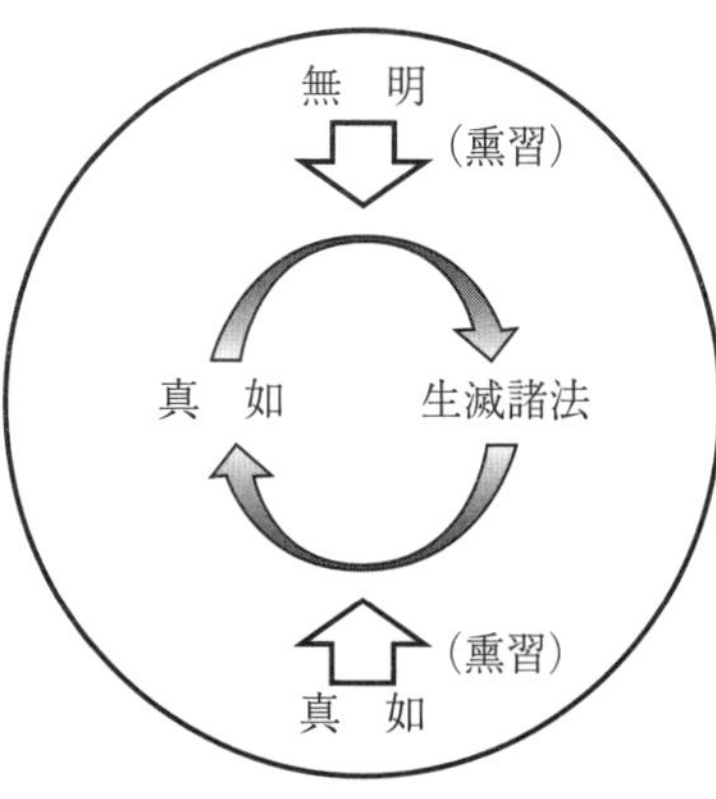


以上のような真如のあり方を整理すると、以下のようになるだろう。

1、覚りの目で見られたこの世界。真理の世界。
2、迷いの世界が発生し、そこに還帰する世界の根本原理。
3、迷いの世界の中で、覚りへと導く真理のはたらき。

中国華厳では、覚りの状態にある真如を「不変真如」と呼び、それに対して迷いの世界ではたらく真如を「随縁真如」と呼び、二つの真如のあり方を立てるようになった。「不変真如」が『起信論』の心真如門の真如であるとすると、随縁真如は心生滅門の中にはたらく真如である。1が不変真如であり、3が随縁真如であることは明らかである。2は根本原理というところから、不動の不変真如と考えられるが、この世界に流動的に展開するという点で、随縁真如的な面も含まれていると考えることができる。

一心┬心真如門――不変真如
　　└心生滅門――随縁真如

## 安然の真如論

以上を前提に、安然の真如論を見てみよう。『教時問答』の第一七答に比較的詳しく真如の見方が示されている。それによると、真如を見るのに四つの立場がある。

第一に、真如は不変であり、前六識が変化する主体であると説くのは、三乗の大小乗各別の教え〔三乗別教〕の小乗教の考えである。

第二に、真如は不変であり、第八識が変化する主体であると説くのは、三乗の大小乗共通の教え〔通教〕の考えである。

第三に、真如に二つの立場があると説く。即ち、一に不変という立場、二に機縁に随って変化する〔随縁〕という立場。……しかし、真如は一切存在〔諸法〕と相即せず、一切存在は真如と相即しない。これは次第を追って覚りを開く別教の立場の方便の大乗〔次第別教権大乗〕の考えである。

第四に、真如に二つの立場があると説く。即ち、一に不変という立場、二に機縁に随って変化する〔随縁〕という立場。……真如がそのまま諸法であり、諸法がそのまま真如である〔真如当体諸法、諸法当体真如〕。これは、円満で即時に覚りを開く真実の大乗〔円満頓教実大乗〕の考えである。

前六識というのは、感覚や心のはたらきに関する認識作用で、眼識・耳識・鼻識・舌識・身識・意識の六つである。第八識は、そのような表層的な心的活動の底にある無意識の作用である。その第八識に執着するのが第七識である。真如はこのような心的作用のより根源的なところに考えられる。

第一、第二の立場は、不変真如のみ認め、随縁真如を認めない。それに対して、第三、第四の立場は不変真如と随縁真如の両方を認める。ただし、第三の別教の立場では、随縁真如と言いながら、真如と世界の事物とは別々のものと考えられている。それに対して、第四の円教の立場では、事物と真如とは一体とされる。もちろん、第四の立場が優れているのだが、ここで「当体」というのは、「そのもの、そのまま」ということであり、「即」などというのよりも強い。真如がそのまま一切存在（諸法）なのである。これは随縁真如の立場であり、この世界は真如そのものの転変したすがたと見られる。これはどういうことであろうか。

ここで注目されるのが、「真如が無明に変わっても、無明は真如である」（第二一答）という言明である。『起信論』では、真如が無明の熏習により、迷いの存在として流転するというのであるが、その無明がどこから出てくるのか、その根拠は明らかにされなかった。「無始無明」と言われる一方で、「忽然念起」と言われるように、突然由来不明で起こるものとされた。ところが、安然はその無明もまた真如の変化したものだというのである。真如が無明に変じ、その無明が真如に熏習して、迷いの世界へと転変するのである。そこから、今度は真如自体の熏習で、覚りに向かうことになる。いわばこの世界の運動は、すべて真如の自己運動だということになる。

**安然における真如と生滅諸法**

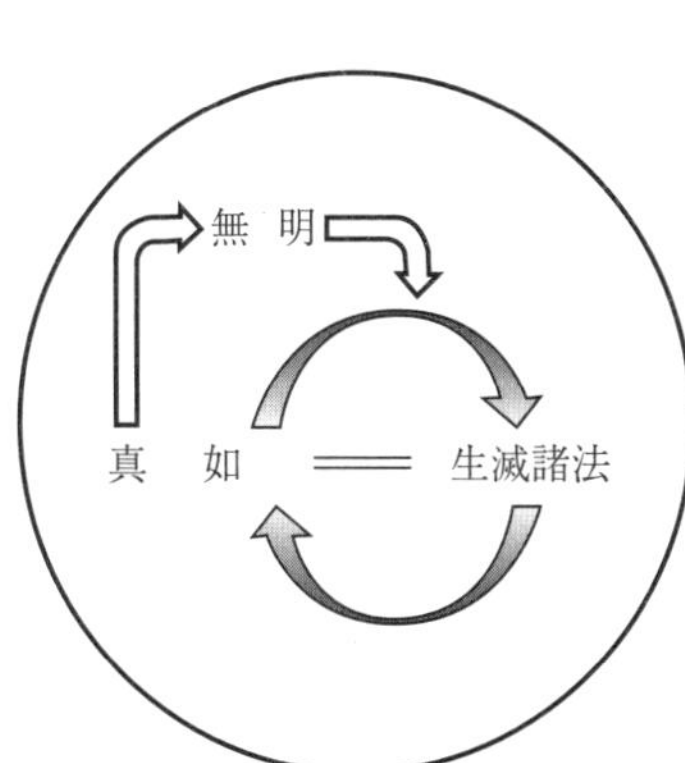


これは、『起信論』に由来しながらも、それとはかなり違う世界観である。『起信論』では、生滅の世界はただちに真如そのものとは言えなかった。それ故、真如の世界に戻っていくことが要請される。それが覚りである。ところが安然は、世界中（この世界だけでなく、他方世界も含めて）のあらゆるものが、迷いや煩悩や悪を含めて、すべて真如に由来し、真如そのものの変動態だというのである。それが随縁真如である。安然においては、随縁真如の役割がずっと大きくな

り、不変真如の面が霞んでしまう。あらゆる多様性は、すべて随縁真如という「一」なる原理の自己展開であり、真如以外に何ものもない。四一教判の「一」への還元が、まさしく真如に基づくというのは、この故である。

そうなると、覚りへと向かうことは必ずしも強くは要請されないことになる。何故ならば、今ここでの世界のあり方がそのまま真如の自己運動に他ならないのであり、そこに否定されるべきものはない。それをそのまま認めればよいことになる。

こうなると、先に挙げた三つに加えて、もう一つ真如の意味を挙げる必要が出てくる。

**1、覚りの目で見られたこの世界。真理の世界。**
**2、迷いの世界が発生し、そこに還帰する世界の根本原理。**
**3、迷いの世界の中で、覚りへと導く真理のはたらき。**
**4、あらゆる現象へと展開変容している世界の根本原理のすがた。**

先の二つが不変真如であるのに対して、後の二つが随縁真如ということになる。第四の随縁真如のあり方について、安然は、「清浄なる如来蔵と世俗の阿頼耶識（あらやしき）とは、金と指輪が相互に差別がないようなものである」という『密厳経』を引いて、「金が指輪に変わっても、指輪は金である」と説明する（密厳経自体の文脈とは少し異なるが）。如来蔵は迷いの世界にある真如のことと考えられる。金がどのような形に変わっても、金であることは変わらないように、真如はどのように変化しても、真如なのである。ただ、このようにすべてを真如の自己運動と解するとき、何が原因となって、真如が無明に転じ、真如の自己運動が始まるのか、それは明らかにされない。

アリストテレスによると、個物は質料と形相によって成り立つとされる。質料は素材であり、それがものの本質である形相によって規定されてはじめて個物となる。金の指輪の場合、金は質料であり、指輪という本質をもってはじめて一つの指輪ができるのであり、質料だけでは不完全である。そこでは、指輪という個体性を持ってはじめて価値がある。プラトンの場合であれば、個体化をもたらす形相はイデアであり、それこそが永遠性を持つ。それに対して、ここでは個体化を解消してしまう質料のほうに価値が置かれているのである。西洋的な個体重視と較べると興味深い。

『教時問答』では、直接草木成仏は扱われていないが、このような立場を徹底すれば、有情も非情もすべて真如の変化したものであり、それ故、その区別はなく、発心・成仏することが可能だという結論が出てくることは、十分に納得がいくことになろう。さらに言えば、発心・成仏さえも不要で、有情も非情もすでに仏の世界の中にいることになるであろう。

## 第4節　真如と草木成仏

### 『菩提心義抄』における真如

草木成仏の問題は、もう一つの主著『菩提心義抄』に扱われている（大正新脩大蔵経七五巻、四八四頁中段－四八八頁中段）。『菩提心義抄』は、基本的には『教時問答』の延長上にあるが、密教が深められ、それだけに理論としてはやや理解しにくいところがある。草木成仏の問題は巻二に扱われている。この箇所も、拙著『安然・源信』に拙訳が収められているので、それを参考にしていただきたい。

まず、環境世界（器世界）も真如・法界の変化したものだという説を認めた上で、真如の熏習だけで環境世界の成仏が成り立つのかどうか問題にする。それに対して、本書では次の三つの力が必要だとする。

1、真如・法界の随縁の力
2、諸仏の行と誓願
3、一切衆生の業の果報

3は、衆生（有情）の側の力が必要だというのであって、それでは草木自成仏にならない。2もまた、諸仏の力を借りるというので、草木自成仏という点からみると、『斟定私記』のラディカルな立場からは後退しているように見える。それだけ無理のない広い視野から問題を考えられるようになっているともいえるが、それならば『斟定私記』の主張はどうなったのか、疑問が残る。その疑問を念頭に置きながら、もう少し先を見てみよう。本書では、草木成仏に四つの立場を挙げる。

1、自らを依りどころとする心（自依心）——環境世界も真如の変化したものであるから、自ら発心成仏する。
2、他を依りどころとする心（他依心）——主体である衆生が成仏すると、環境世界も成仏する。
3、自他両方を依りどころとする心（共依心）——清浄な（自らの）心による熏習の力と諸仏の力で成仏する。

## 4、唯一の仏性が発心する。

ここでも、2や3は草木自ら発心・成仏するという説から外れてしまい、『斟定私記』では批判されていたはずである。『菩提心義抄』では、4をいちばん高く評価するものの、前の三説も一応認めている。真如説からするならば、1がもっとも適切なものと言えよう。4もまた、仏性は真如と同じことになるから、同じである。『斟定私記』のラディカルな立場を見てくると、本書での後退はいささか肩すかしの感がある。それでは結局、『斟定私記』の強烈な草木自成仏説の主張は無理があったということであろうか。もう少し検討を続けてみよう。

### 表面的な理解から見えざる世界へ

次に、諸宗の立場を述べて批判した上で、密教の立場として、「阿」字を取り上げる。ここでようやく密教らしい新しい展開が出てくる。「阿」（𑖀＝a）は、サンスクリット語の音韻の最初であり、万物の不生不滅の根源を意味する。アルファベットでも最初の文字であるし、日本語の五十音でも最初である（五十音は、サンスクリット語の体系をもととして作られた）。それ故、真如は阿字によって表わされる。阿字は根源的な音＝字であり、真如の語りである。真如が言葉として表わされた、根源の言葉である。

1、自依心――一切存在は阿字を根本生命〔第一命〕とするから、草木も阿字に基づいて発心・成仏する。

2、他依心――阿字は一切存在に遍満するから、行者の菩提心は草木にも通ずる。

3、共依心――自他両者の和合する心によって発心・成仏する。

4．唯一仏心発心――阿字の理法が自ら発心する。

ここでは、他依心や共依心を認めるものの、あくまでも阿字を根本に据えることで、阿字＝真如の一元論へと歩を進めている。それに対する論難に対して、阿字を菩提心（発心）とする説を四段階に分けて説明する。

1、浅略釈――阿字だけでなく、すべての文字が不生不滅の菩提心の意味を持つ。

2、深秘釈――すべての音声や文字は大日如来の変化したものであるから、衆生も非情も阿字が菩提心を起こす。

3、秘中深秘釈――四種曼荼羅（大曼荼羅・三昧耶曼荼羅・法曼荼羅・羯磨曼荼羅）が発心・成仏する。

4、秘秘中深秘釈――阿字もまた真如が随縁したものであるから、有情も非情も阿字を具え、発心・成仏する。

浅略釈・深秘釈・秘中深秘釈・秘秘中深秘釈の四段階によって、浅いレベルから次第に深まり、もっとも深い秘密の領域へと進んでいく方法は、本書でしばしば用いられる。この四段階は、『大日経義釈』などを参考に、安然自身が工夫したものである。それは、表面的な理解から次第に見えざる世界へと深まっていくという、安然の発想法をよく表わしている。

ここでは、第一段階として、すべての文字が発心するという説を挙げる。すべての文字というのは、この世界のあらゆる現象、あらゆる事物ということである。それらすべてが不生不滅の菩提心（覚りの心）を持っているというのである。しかし、あらゆる現象が現象レベルの多様性に留まっている点で、浅略と言われる。

ちなみに、菩提心というのは、もともとは「覚りを求める心を発すこと」であり、発菩提心（ほつぼだいしん）・発心とも言われる。しかし、最初に発心することこそ、究極の覚りにつながるとして、発菩提心が重視される。さらに、密教では、菩提心というと、すでに覚りに達した心の状態をも意味するようになる。ここでの菩提心は、そのような意味を持っている。

第二段階は一歩深めて、その覚りの心の根拠として大日如来という仏の普遍性に行き着く。大日如来の普遍性は、『教時問答』でも言われていた。そこに現象の多様性が統一される契機が見いだされる。しかし、仏という現象的なすがたを取り、その点で、諸仏の上に立つとはいえ、一面では諸仏の一であるという面が残る。それ故、いまだ第二段階に留まる。例えば、金剛界の五仏は、中央が大日、東方が阿閦、南方が宝生、西方が阿弥陀、北方が不空成就である。大日は中央に位置するとはいえ、いまだ五仏の一とされる。

　そこで第三段階として、曼荼羅という視点が導入される。曼荼羅は世界の根本真理を図像化し、感覚的な形で表現したものである。四種曼荼羅というのは、通常の仏・菩薩を図示した大曼荼羅、諸仏の持ち物や印相で表わした三昧耶曼荼羅、文字で表わした法曼荼羅、立体像などで諸仏のはたらきを表わした羯磨曼荼羅である。第二段階の大日如来の覚りの世界を具体化して、広範に展開したものであり、曼荼羅は、日本では金剛界・胎蔵（界）の両部で表わされ、そこにすべての仏・菩薩が体系化されて示される。だが、まだ感覚的な性質が残っている。

　こうして最深のレベルとして随縁真如の立場に到達することになる。それ故、真如というのは、決して概念的に理解された抽象的な原理ではなく、世界のもっとも深い根底に沈みこむことで、はじめておぼろげに立ち顕われてくる何かである。随縁真如は真如が世界の現象に展開したものだからと言って、ただちに誰にでも理解できることではない。それは見えざる世界に目を凝らし、深く沈潜してはじめてようやくかすかに見えてくるのである。このように、『菩提心義抄』の草木成仏説はかなり複雑で屈折した議論を重ねながら、最終的には随縁真如説に行き着くことになる。

**浅略釈（多様な現象）→深秘釈（大日如来）→秘中深秘釈（曼荼羅）→秘秘中深秘釈（随縁真如）**

以上、安然の草木成仏説を、『斟定私記』の分析からはじめ、後期の『教時問答』や『菩提心義抄』の密教説への展開を追ってみた。それは最終的に随縁真如説、即ち、この世界が真如の展開であるということに求められた。この世界が真如そのものの展開であるとすれば、この世界に真如でないものはないことになる。そうであれば、有情も非情も、即ち、人間も草木も瓦礫もすべて同等となり、そこに差別はないことになる。だが、すべてが同等化してしまえば、ちょうどヘーゲルがシェリングの哲学を評して、「すべての牛が黒くなる夜」と言ったように、何もかも混沌になってしまい、私たちは手を拱いてそれを見ているだけで、そこから何も建設的なことは出てこないことになってしまう。当然、後述のように、それへの批判が起こってくる。

安然自身、その問題に気が付いていた。それ故にこそ、『菩提心義抄』において、いささか後退のように見えながら、真如の随縁だけでなく、諸仏の行と誓願や一切衆生の業の果報という要素を草木成仏の根拠として挙げていたのである。真如が自分勝手に運動していくというだけでなく、もっと他の見方が可能でなければならない。一方で諸仏のはたらきがあり、他方では無情に対する有情の責任ということも考えられなければならない。そのことは、第4章でもう少し考えてみることにしたい。

## 第5節　真如の深みへ

### 仏教理論と真如

『斟定私記』の最後のほうで顔を出し、後期の安然において中心概念となったのが「真如」である。「真如」については、先に仏教の中でどのような意味を持つのか記した。しかし、その概念には、仏教で否定する一種の根源的な実体を認めることにならないか、という問題が付きまとう。

仏教は諸行無常・諸法無我を原則とする。諸行無常というのは、あらゆるものは変化するということであり、諸法無我というのは、あらゆるものは実体的な実在性を持たないということである。実体的な実在性を持たないから、あらゆるものは変化するのであり、それ故、諸法無我は諸行無常の理論的な基礎付けをなすものということができる。実体的な実在性を持たないということは、あらゆるものは現象として、相互の関係性の中にあるということであり、それが縁起である。

このような仏教の原則からすれば、根源的な実在を認めることはできない。真如という根源的な実体があり、そこから世界が展開するというのであれば、それはインドの哲学でいえばサーンキヤ派（数論派）の哲学に近いものになる。サーンキヤ派では、プルシャという純粋精神が見つめることで、プラクリティという根源的な物質が展開して世界ができていくという。これは、因中有果説（根本原因のプラクリティの中にすでに世界という結果が含まれているという説）と呼ばれ、万物は縁起によって生ずるという仏教と相容れないもので、「外道」の典型とされて批判される。

この点から、真如などの考え方を正面から取り上げて批判したのが、一九九〇年代に活発化した袴谷憲昭・松本史朗らの批判仏教と呼ばれる運動であった。彼らは、真如・如来蔵・仏性・本覚など、現象の底に実体的なものを想定し、そこから現象を発生的に捉える思想をダートゥ・ヴァーダ（**dhātu-vāda** 基体説）と名付けて、仏教にあらざるものとして批判した。東アジアの仏教では、多く真如や如来蔵を根本の原理として、従来疑われてこなかったので、彼らの批判はセンセーションを巻き起こした。それによって、一体仏教とは何かという根本の問題が問われることになった。

安然における真如はまさしくこのような基体説の典型と言ってよいものである。それ故、仏教理論としては、その基本の枠を完全に外れたところに位置する思想のように見える。それでもなお、真如を根底に置く安然の密教思想を評価できるのかどうかが、問われなければならない。真如はそのような根本的な実在なのであろうか。

## 十識説による一即一切の説明

ここで、先に安然の一即一切と真如の議論を論じた際に略していた問題を取り上げたい。安然は、一即一切を説明するのに、十識説を立てる。先に触れたように、認識作用を意味する「識」（vijñāna）について、初期仏教やアビダルマでは六識を立てる。眼・耳・鼻・舌・身・意に相当する識で、その第六の意識が心的な作用を統括するとされる。その後、大乗仏教の唯識説では、自我に執着する第七末那識（manas）、現象した識の作用の結果を種子として貯蔵する第八阿頼耶識（ālaya-vijñāna）を加えて、八識とする。第七、八識は、現象する意識の根底にある無意識的なものと考えられる。現象として現われた前六識の活動は、その結果を第八識の阿頼耶識に蓄える。それが種子となって再び前六識の現象が生まれる。その際、第七識の末那識が阿頼耶識に対して執着するところから自我意識が生じ、それが煩悩となるというのである。

これは人間の心についての深い洞察に基づく理論であり、フロイトの無意識論とも比較される。自覚的な意識だけではどうしようもない無意識の領域を持ち、そこで起こる執着が苦悩の原因となるのである。これだと悪循環のみであり、覚りに向かっての積極的な原理がないことになる。そのような心のあり方を転換して覚りに向けていかなければならないが、どうしてその転換が起こりうるのか、その原理が明確でない。そこで、覚りの原理が立てられることになったが、それが如来蔵とか仏性と言われるものである。如来蔵というのは、覚りを開いて如来となることのできる要素であり、それが私たち衆生の心の中にもともと具わっているというのである。仏性も如来蔵とほぼ同義である。「一切衆生悉有仏性」というのは、まさしくこのことを意味する。ただし、もちろん元来は仏性を具えているのは衆生（有情）のみであり、草木などの非情はその範疇に入ってこない。

中国の摂論派などでは、如来蔵・仏性の原理を生かし、第八識のさらに根本に第九識として阿摩羅識（amala-vijñāna「穢れのない識」の意）を立てる九識説を発展させた。即ち、迷いの原理となる第八識のさらに底に、覚りのもととなる清浄な心である如来蔵・仏性があるというのである。真如もまた如来蔵とほぼ同義に考えられるので、第九識に当る。

この第九識をさらに二つに分けて十識とする説がある。これは、『釈摩訶衍論』に出るものである。『釈摩訶衍論』は、『大乗起信論』に対する龍樹（ナーガールジュナ）の注釈とされる。ところが、『大乗起信論』は龍樹以後に発展した如来蔵思想を含むものであるから、それに龍樹が注釈を著わすわけがなく、明らかに偽書である。今日では、新羅の華厳系の著作ではないかと考えられている。奈良時代にすでに偽撰説が出ているが、空海は本書を重視し、安然もまた偽撰説を立てながらも、実際には用いている。

そこでは、第九識は一切一心識と言われ、第十識は一心一心識と呼ばれる。一切一心識は、一切が一に帰入する識のあり方であり、それに対して、一心一心識は、絶対唯一の識と言うことができる。安然は、一心があくまで差別のない一心そのものである状態を一心一心識とし、それに対して、一切が一真如であるのを一切一心識だとしている（『教時問答』第三六問答）。

**一心一心識の立場では、一心が一真如でもある。そこでは全く煩悩と菩提、生死と涅槃、凡夫と諸仏（の区別）がない。……もし一切一心識の立場では、一切が一真如存在でもある。ここでは煩悩と菩提、生死と涅槃、凡夫と諸仏が具わっている。しかし、本体は一真如存在である。迷いという点から覚りを説き、束縛という点から解脱を説き、不成仏という点から成仏を説き、不平等という点から平等を説くのである。**

即ち、第十識（一心一心識）が不変真如、第九識（一切一心識）が随縁真如ということになる。金で指輪を作る例でいえば、どのような形をしていてもどこまでも金であって、金以外の何ものでもないというのが、第十識の立場であり、金が指輪やその他の器具に変化するが、どのように変わっても金であるという点から、指輪＝金と見るのが第九識の立場である。両者は次のように対照させることができるであろう。

随縁真如＝第九識（一切一心識）＝一切即一＝指輪即金
不変真如＝第十識（一心一心識）＝一即一　＝金

この第九識が前八識として、現象として展開していくのである。有情と非情として区別されていたのが、同じ真如の変化と見られて、同質化されるのが第九識であり、はじめから有情と非情という問題そのものが意味を持たず、真如以外の何ものもなくなるのが第十識と言うことになろう。如来蔵・仏性説による限り、あくまで有情の問題に限られるが、真如の立場では、有情と非情の区別は問題にならない。

## 現前しているけれども見えない真如

このように、真如の問題を十識論で論じていくことの重要性は、それが現象的な識の奥、即ち無意識的な第八識のさらに奥に隠されていることを示しているところにある。第八識までが、個の範囲の中の識の問題であるのに対して、第九、十識では個体が解消されてしまう。真如は常に見えざる奥に秘されている。否、それは常に現前しているけれども見えない。指輪を指輪と見る限り、それを金と見ることはない。指輪という機能が脱落したとき、そこに金が顕わになる。いかにして指輪から金へと視点を移し、金を顕わにするかが問題となる。前述のように、個別化を重視する西洋的な見方と逆方向を向いている。

『大乗起信論』では、真如と生滅世界を水と波に譬える。無明の風によって水が波立ち、生滅の現象世界が展開するが、風が収まれば波も収まり、静かな覚りの世界になるというのである。だが、安然の見方によれば、風が吹いて波が立っても、水に変わりはないのだから、その水のほうに視点を据えれば、どんなに波立とうが構わないことになる。その視点を得るために、密教は、綿密な儀礼的手順を用いて、識の底に沈み込み、底なる真如を現出させる。禅であれば公案を用いるところであろう。

**前六識（眼識・耳識・鼻識・舌識・身識・意識）——顕在意識**
**第七識（末那識）┐**
**第八識（阿頼耶識）┘——潜在意識**
**第九識（一切一心識＝随縁真如）┐**
**第十識（一心一心識＝不変真如）┘——心＝真如**

第九識、第十識は個体化を超えているという点で、ユングの集合的無意識と似ているが、単に個体化を超えているだけでなく、心理学的な概念をも超えて、一種の形而上学的レベルともいうべき次元に至っている点で、あくまで心理学の枠に留まるユングの理論と異なっている。それは「識」のあり方である限り、ただちに仏教で否定する実体的な実在とは言えないであろう。しかし、現象の深い奥底に何ものか得体の知れないものをのぞき見ようという点では、現象レベルだけで合理的に問題を解決しようとする、もともとの仏教の立場からは逸脱していると言えるかもしれない。

## 世界の不可思議な根源としての真如

このように、安然的な随縁真如の見方は、真如自体があらゆる現象に変化していくのであり、そうなると、最終的に覚るかどうかということよりも、現象の中にはたらく「一」なるものをどのように自覚するか、という問題になる。これはますます仏教本来の求めるところから離れることになる。だが、ただちにそれを否定できるかというと、そう言い切れないところがある。「真如」とか「一」なるものと言うと、何かそれだけで言葉で理解できるように思われるかもしれない。だが、じつはそれほど容易に分かり切ってしまえるものではない。私たちは、世界について何でも理解できるわけではない。

むしろ真如は、私たちの理解を絶したところではたらく不思議な力と考えられる。世界の奥には、何か我々の理解を絶した不思議な力がはたらいているのではないかという感覚は、多くの人が持っているのではあるまいか。真如とは、それを追求していった、そのぎりぎりのところではないだろうか。それは、私たち人間の心の奥底であるとともに、草木を含む自然環境世界の奥底でもある。

かつて科学万能の時代には、科学が発展すれば、世界中のあらゆることが解明可能だと考えられたこともあった。しかし、今日、誰もそれほど素朴な科学信仰を持ってはいないであろう。どんなに科学が進んでも、自然は解明しきれない。それはどのような形で牙を剥き、私たちに襲い掛かってこないとも限らない。その世界の不可思議な根源を何と呼ぶのがよいのか分からない。むしろ何とも名付けようがないというべきかもしれない。真如とは、それにあえて命名したものと考えるべきではないだろうか。このことは、後でもう少し考えてみたい。

なお、後述のように、本覚思想(ほんがくしそう)においては、草木にありのままのすがたをそのまま成仏のすがたと見るが、これもその根底に安然的な真如を考えると分かりやすい。草木は草木のまま、地獄は地獄のまま、無常は無常のままでよい、というのは、それらがすべて真如の随縁したすがただと考えれば、理解できる。ただ、本覚思想においては、その背後の真如の原理を外してしまうのである。そうなると、多様な現象が、統一する「一」なるものなしに、多様なままにばらばらに認められることになる。

以上、安然において展開された草木成仏説がある程度明らかになったであろう。草木を含む非情の環境世界も、主体である有情世界も、すべてが同等に真如でおおわれることにより、その区別がなくなる。それ故、有情が自ら成仏するのであれば、非情もまた自ら成仏すると考えられなければならないことになる。こうして、『斟定私記』で提出された草木自成仏説は、真如を根底に置くことで、ひとまず安然としての解決に至ったことになる。

# 第4章　日本人の自然観と草木成仏

# 第1節　本覚思想とその批判

## 1　本覚思想と草木自成仏説

### 本覚思想による草木成仏説の発展

前章で見たように、はじめて本格的に草木成仏を問題として取り上げた安然は、『斟定草木成仏私記』で、草木が自ら発心・成仏するという説を証明しようとした。同書では必ずしもそれに成功せず、その後、『教時問答』『菩提心義抄』で密教説を展開し、随縁真如説によってそれを基礎付けようとした。もっとも、それは『斟定私記』に較べて、必ずしも分かりやすいものとは言えない。とりわけ、真如論による解決では、『斟定私記』で繰り返し主張された草木自成仏説が、かえって見えにくくなってしまう観がないわけではない。草木自成仏説は、安然以後どうなったのであろうか。

草木自成仏説は、主として本覚思想の流れで継承、発展させられた。本覚思想というのは、平安後期から中世へかけて天台において大きく展開した思想動向で、極端な現実肯定を特徴とし、修行不要と説くまでに至る。草木成仏の思想もその中で大きく発展する。特に注目されるのは、覚運の問いに良源が答えたとされる『草木発心修行成仏記』(『天台小部集釈』所収)である。良源(九一二―九八五)は、比叡山の復興者として知られる。先にも触れたように、比叡山延暦寺は天台の根拠地であるが、九世紀後半の安然の活躍を最後に、しばらく活動の状態が分からなくなる。その比叡山復興を果たしたのが、良源である。良源は康保三年(九六六)に天台座主に就任し、堂塔の整備や教学の復興に尽力した。その良源の高弟の一人が『往生要集』で知られる恵心僧都源信(九四二―一〇一七)であるが、源信と並び称されるのが檀那院覚運(九五三―一〇〇七)である。

源信と覚運は、後世、本覚思想を伝える口伝法門の流祖とされ、源信の流れを恵心流、覚運の流れを檀那流と呼ぶ。実際には、口伝法門はもう少し時代が下ってから大きく発展するので、源信や覚運は直接には関わっていないと考えられているが、口伝法門で伝えられた文献は、しばしば源信や覚運を著者として仮託している。そのために、その成立がはっきりとは分からず、解明が遅れている。この口伝法門の形式で、本覚思想が大きく発展する。

口伝法門
- 恵心流 ― 源信から
- 檀那流 ― 覚運から

『草木発心修行成仏記』もそのような文献の一つで、覚運の質問に良源が答えたということになっているが、実際には一二－一三世紀に成立した檀那流系統の文献と考えられる。

本書は、四問答からなる小品であるが、第一問では、「草木には慮知(りょち)の心がないのに、どうして発心・修行・成仏するのか」と問われる。それに対する答では、「草木成仏は（『法華経』）本門の寿量品(じゅりょうぼん)の真実の説である。如来の真実の知見によるもので、『世界の有様がそのまま永遠である〔世間相常住(せけんそうじょうじゅう)〕』とある文は、草木成仏の趣旨である」と答えている。

本覚思想では、『法華経』の後半部分である本門を重視し、それに対して、『法華経』以前に説かれたとされる他の経典（爾前(にぜん)）や、『法華経』の前半部分（迹門(しゃくもん)）を低いものと見る。「世間相常住」は、もともとは迹門の方便品(ほうべんぼん)に出る語であるが、現象世界のすがたがそのまま永遠の真実であるというもので、本覚思想で現象世界をそのまま真実と見る説をもっとも的確に表わす語として、スローガン的に用いられた。現象世界がそのまま永遠の覚りの真実だとするならば、草木成仏もまた実現していると認められなければならない。

それでは、具体的に草木成仏はどのように実現しているのであろうか。本書の示した解決は、

「草木は生・住・異・滅の四つのすがたを示すが、それがそのまま発心・修行・菩提・涅槃の姿である」というものである。「生・住・異・滅」というのは、生まれ、そのままの状態に留まり、変化し、滅するという、ものの変化の段階を示すもので、植物で言えば、芽生え、生長し、花や果実をつけてやがて枯れて、なくなるというそれぞれの状態を示すものと考えられる。それがそのまま、仏道に志し、修行し、覚りを開き、涅槃に入るすがたに当るというのである。以下の議論は略すが、この解決は、草木成仏説のもっとも分かりやすい説明ということができよう。

## 「草木不成仏」説と「ありのまま」主義

本覚思想の展開の中で、草木成仏思想もさらに極端化する。そのような例として、『三十四箇事書』（金沢文庫所蔵）の場合を見ておこう。『三十四箇事書』は、源信作とされる『枕双紙』の異本であるが、本覚思想のもっとも典型的な思想を示す文献として注目される（『日本思想大系9　天台本覚論』所収）。その中に、「草木成仏の事」という項目がある。そこでは、草木成仏説をさらに進めて、草木不成仏を説く。即ち、「（我々）一門の意は、環境と主体とが不二である〔依正不二〕から、草木成仏は疑いない」としながらも、以下のように論ずる。

**今の意は、草木不成仏と習うのに、深い意味がある。何故であろうか。草木は環境〔依報〕であり、衆生は主体〔正報〕である。環境は環境のままで十界の徳を示し、主体は主体のまま**

で主体としての徳を示す。もし草木が成仏したならば、環境が減って、三千世界の環境世界に減少が起こる。それ故、草木成仏説は巧みのようだが、かえって浅薄のようである。他もこれと同様である。地獄の成仏、餓鬼の成仏、乃至菩薩の成仏も、皆同じである。……永遠の十界を全く改めることなく、草木も永遠であり、衆生も永遠であり、五陰も永遠である。よくよくこれを思いなさい。

……（我々）一門の意は、草木は非情であるが、非情のままに有情の徳を示す。非情を改めて有情というのではない。それ故、成仏というと、人々は非情を転じて有情になると思うが、全くそうではない。ただ非情のままで、しかも有情なのである。よくよくこれを思いなさい。

きわめて徹底した説で、本覚思想の「ありのまま」主義をもっともよく表わしている。『草木発心修行成仏記』においても、安位(あんい)と昇進(しょうしん)の二つの立場を挙げ、安位では発心・修行はなく、昇進において発心・修行が立てられるとする。昇進は修行の階梯が進んでいくと見る立場、安位は「ありのまま」で絶対と見る立場と考えられる。そうとすれば、『三十四箇事書』の「草木不成仏」説は、安位の立場から見られたものということができよう。

このような「ありのまま」主義をどのように考えたらよいのであろうか。それは徹底した「永遠の今」の立場ということができる。今の一瞬のあり方が、そのまま永遠であり、それ以外に何を求めてもいけない。「無常は無常ながら、常住にして失せず」（「生死即涅槃の事」）と言われるように、無常に変化していく現実以外に永遠はない。それ故、十界はそれぞれきちんとあって、ある境遇で死んで別の境遇に生まれるという輪廻は厳然としていながら、それがそのまま永遠なのである（「十界不同にして、此死生彼ながら、しかも常住なる意なり」）。それでは、結局何一つ変わらないではないか。

このような思想をどう評価したらよいかは難しい。それを簡単に安易な現状肯定主義としてしまってよいかというと、そうは言えないであろう。今、苦しみのまっただ中にいながら、それをそのまま「永遠の今」として肯定せよ、と言われても無理であろう。また、「無常は無常ながら」、ただ手を束ねて変化に身を委ねよ、と言われても、これもまた困難なことである。ニーチェの永劫回帰の肯定のような強さがなければ、とてもかなわないことである。本覚思想というと、安易な現実肯定と思われがちだが、じつはあるがままをあるがままに肯定するということは、決して容易なことではない。

ところで、安然の真如説と本覚思想との関係を考えてみると、すでに示唆したように、両者はきわめて密接な関係を持っていると考えられる。安然の真如論は随縁真如の立場を重視し、全世界の現象がすべて随縁真如そのものだとするものであった。それ故、現象世界はそのまま真如の表われとして肯定されることになる。そこから、真如という要素を削除すれば、ただちに本覚思想の「ありのまま主義」が生まれるであろう。従って、安然の真如論の発展上に本覚思想が形成されたと見ることができる。

ただ、本覚思想になると、多様なものは多様なままに統合されなくなり、そこに実践の可能性が閉ざされる。それに対して、安然は真如という統合概念を認めるとともに、その根源へと深まる実践の可能性を提示した。そうなると、単なる「ありのまま主義」とは言えなくなる。安然の思想はもう一度呼び戻され、検討される必要があるように思われる。

## 2 草木成仏説への批判

### 証真による批判

本覚思想で極端化した草木自成仏思想に対して、早くからそれへの批判はなされていた。その典型は、宝地房証真（十二世紀後半―十三世紀前半）であろう。証真も安然同様ひたすら学問に邁進した学僧であり、目の前で激しく戦われていた源平の合戦を知らないほどだったと言われる。天台智顗の著作に注釈した大部の『三大部私記』で知られるが、安然と異なり、徹底した文献主義を取り、本覚思想の恣意的な解釈を批判した。

草木成仏に関しても批判的で、「草木成仏」という言い方そのものを否定している。証真は、草木成仏の意味として、次の四つを挙げる。

**1、本性からして本来的に仏であることによる。**

**2、仏眼で照見すると仏であることによる。**

**3、毘盧遮那（びるしゃな）仏が一切のところに遍満することによる。**

**4、諸仏が変じて仏とならせることによる。**

この四つの意味を挙げた上で、次のように結論する。

**このような意味があっても、事実的なところから真実を論ずると、仏とはならない。有情の場合にも、やはりこの四つの意味があるが、事実という点から論ずると、ただの凡夫である。**

即ち、理論としては、ありうるとしても、現実問題として、草木が成仏するわけではないというのである。有情の場合でも、同じようにこのような観点からすれば、もう成仏しているはずであるが、現実には凡夫は凡夫であり、その凡夫であることを見つめることから出発する他はない。これは非常に厳格な立場であり、リアリズムの現実直視の立場と言うことができる。本覚思想の安易な修行否定を戒め、修行の必要性を主張する点で、正論と言えよう。ただ、正論だからと言って、広く受け入れられるとは限らない。

ちなみに、証真は例の『中陰経』の説とされる「一仏成道観見法界、草木国土悉皆成仏」の文句を取り上げている。それに対して、「仏眼の照らすところでは、わずかの物質もわずかの香りも毘盧遮那仏でないものはない〔一色一香莫非遮那（まくひしゃな）〕。それ故、成仏というのであり、はじめて仏となるわけではない」と解している。「一色一香莫非遮那」は、天台の名文句「一色一香無非中道」を密教的に改変したものであるが、一仏が成道すると、世界中が仏の世界となるのであり、草木国土が「成仏」するというわけではない、ということである。ここでは、安然においては否定的に見られた「一仏成道観見法界」が重要な意味を持ち、それなくして草木が自ら成仏するなどとはあり得ないとされるのである。

なお、「草木国土悉皆成仏」は、謡曲にしばしば引かれる文句としてよく知られている。その場合、「一仏成道観見法界」が付く場合と、付かない場合があるが、付けたり、外したりするのに、特にはっきりした違いがあるわけではなさそうである。能の場合、演ずることによって、日常性を超えた世界に入り込む。その点で、ただ日常的な「草木国土」がそのまま仏というわけではないことに注意すべきであろう。

この文句はさらに、近世になると、山形県置賜（おきたま）地方に多く残る草木供養塔にも記され、広く庶民の間にも定着していくことになった。

# 第2節　密教と禅の草木論

### 空海の影響と密教の展開

以上のように、天台の枠の中でも、本覚思想的な方向に進むと草木自成仏説が極端化するが、それに対しては、証真のような批判があり、決して単純ではない。天台以外の諸宗でも草木成仏の問題は論じられているが、真言宗では、天台宗と並んで、議論が大きく展開した。ここでは、その源流となる空海について、簡単に見ておこう。空海は、日本の密教思想の基礎を作っており、安然にも大きな影響を与えている。

空海は、その著『声字実相義（しょうじじっそうぎ）』で、「五大に皆響き有り、十界に言語（ごんご）を具す。六塵（ろくじん）悉く文字なり、法身は是れ実相なり」と説いている。「五大」はこの世界を構成する地・水・火・風・空の五つの要素、「六塵」は色・声・香・味・触・法という六種の知覚対象である。五大・十界・六塵がすべて仏の教えを説く言葉だというのである。それが最後の句で、「法身としての仏のあり方は、そのまま世界の真実のすがた（実相）である」とまとめられている。

このことは、即身成仏を論じた著書『即身成仏義』で、六大体大説として説かれていることと密接に関連する。その根本思想は、次の偈によって簡潔に表わされる。

**六大無礙にして常に瑜伽なり、**
**四種曼荼各離れず、**
**三密加持して速疾に顕わる、**
**重々帝網なるを即身と名付く。**

六大は先に挙げた五大に識大を加えたもので、はじめの五つ（五大）は物質的要素、識は精神的要素である。それらが真理そのものと合致した瑜伽（相応）の状態にある。即ち、この世界はそのまま仏の覚りの世界ということになる。この世界のあり方を基礎として、それが現象的なすがたとして現われたのが四種曼荼羅（大・三昧耶・法・羯磨曼荼羅）であり、さらに具体的な行として、衆生の身・語・意と仏の身・語・意が合致すること（三密加持）によって即身成仏が成り立つのである。

このことは、安易に考えると、自然がそのまま仏だということで、汎神（仏）論やアニミズムと同じように見られてしまう。しかし、もし自然がそのまま仏で、自然の音声がそのまま仏の声というのであれば、わざわざ困難な修行をする必要はなく、三密加持という実践は不要のはずである。

　空海の説く密教はそれほど単純ではない。仏の真実のあり方である法身は、通常の人間の感覚では捉えられず、その言葉は通常の人間の言葉では理解できない。それは、目に見え、耳に聴くことのできる自然の、さらに奥に秘められた言葉である。それをあえて感覚世界にもたらそうとするとき、きわめて神秘的、象徴的な表現とならざるを得ない。それを図像として表象したものが曼荼羅であり、言語として表わしたものが真言である。

　真言はまた呪とも言われ、その力によって世界を動かすことができるとされる。真言は、インドの言葉であるサンスクリット語（梵語）を用いるが、その意味を説明しようとしても、結局は行き詰まることになる。例えば、『吽字義』は、吽（hūṃ）という梵字をさまざまな角度から説明しようとしているが、結局それは「不可得」と言われるように、日常用いられる言語で説明しきれないところに行き着く。可視的に現われた自然だけではなく、その自然の奥にまで分け入らなければならないのである。それらの文字のうちでも、サンスクリット語の最初の文字である「阿」は「本不生」（本来的な不生不滅）を表わすとされ、もっとも重視される。安然が草木の問題を阿字という観点から論じていたのは、このためである。

　空海から安然への流れを考えると、空海においては六大説をとることにより、原理が多元化してしまう。安然は空海の密教を継承しつつ、その原理を真如の一元論に統合していったものと考えられる。その後、平安中期になると、さらに具体的な行法の開拓が進む。その中で、身体という問題が大きくクローズアップされる。何故ならば、具体的な行法は身体を通して行われるのであり、身体と離れた心ということは問題にできない。その中で、特に注目されるのは覚鑁（一〇九五－一一四四）である。覚鑁は、主著『五輪九字明秘密釈』において、この身体において世界の原理である五大（六大から識を除いた地・水・火・風・空の五原理）と仏の世界を表わす梵字**a, va, ra, ha, kha**、また身体の肝臓・肺臓・心臓・腎臓・脾臓の五臓、木・金・火・水・土という世界の原理である五行などを対応付けた。それが五輪塔によって表わされる。その対応は左表の通りである。

| 五字 | 五大 | 五輪 | 五臓と部位 | 八識 | 五智 | 五仏 | 五転 | 五方 | 五行 | 四季 | 五色 |
|---|---|---|---|---|---|---|---|---|---|---|---|
| （ア） | 地 | 方形 | 肝・主レ眼 | 阿頼耶識 | 大円鏡智 | 宝幢・阿閦・薬師 | 発菩提心 | 東 | 木 | 春 | 青 |
| （バ） | 水 | 円形 | 肺・主レ鼻 | 意識 | 妙観察智・転生輪智 | 無量寿 | 証菩提心 | 西 | 金 | 秋 | 白 |
| （ラ） | 火 | 三角 | 心・主レ舌 | 末那識 | 平等性智 | 華開敷・宝生・多宝 | 行菩提心 | 南 | 火 | 夏 | 赤 |
| （カ） | 風 | 半月 | 腎・主レ耳 | 五識 | 成所作智 | 不空成就・釈迦・天鼓音 | 入涅槃理 | 北 | 水 | 冬 | 黒 |
| （キャ） | 空 | 宝珠 | 脾・主レ口 | 奄摩羅識 | 法界体性智 | 毘盧舎那 | 具足方便 | 中央 | 土 | 土用 | 黄 |

（田中、一九八八、六七九頁による）

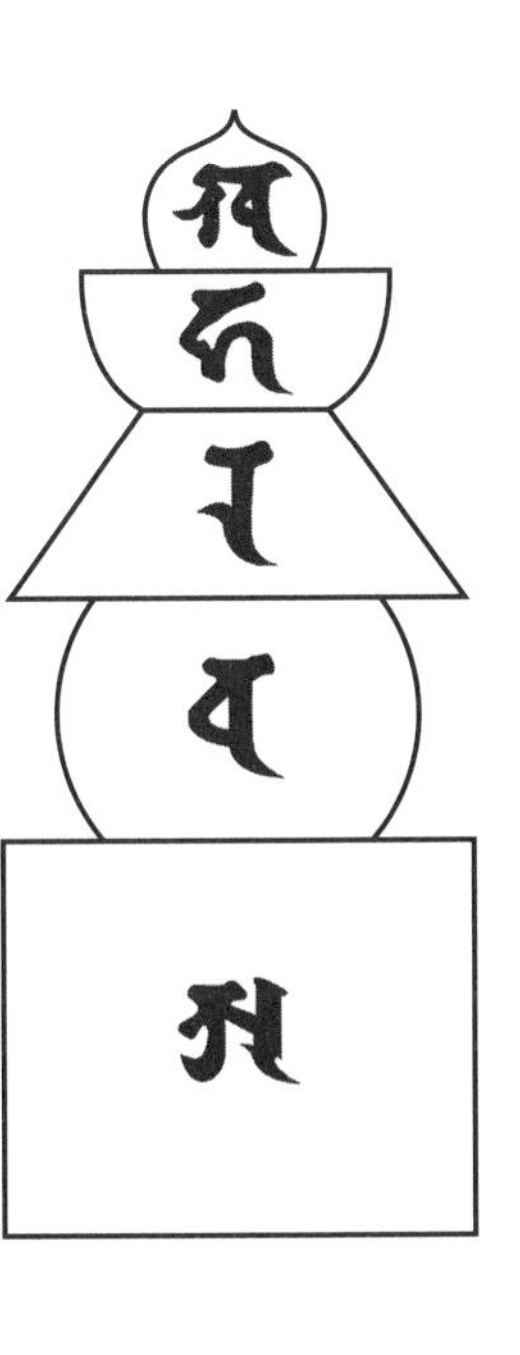

安然においてはなお真如の根源性に至る実践は明らかでなかったのが、このように覚鑁においては具体的に身体に即した実践が形成されるようになってきた。その中で、草木というだけでなく、この世界、自然の全体が身体に集約されることになるのである。従来、禅や念仏の実践は、こうした密教の展開とは無関係と考えられてきた。しかし、密教がこのように身体に集約した総合性を持つとすれば、禅や念仏はその一部を切り取り、簡易化したものと見ることができる。その中でも、新たな形で草木成仏の問題が論じられることになった。

**道元による展開**

ここでは道元の場合に触れておこう。道元は、『正法眼蔵』の渓声山色・山水経・無情説法などで、無情成仏・無情説法の問題を扱っている。中国の禅では、無情成仏ということよりも、無情が教えを説くということがしばしば問題とされている。道元が無情説法の巻で取り上げている慧忠の話は、その典型である。


大唐国西京光宅寺大証国師（慧忠）に僧が問うた、「無情は説法できますか」。

国師、「いつも盛んに説法していて、間断することがない」。

僧、「私はどうして聞かないのですか」。

国師、「お前自身は聞かなくても、他の人が聞くのを妨げてはいけない」。

僧、「どういう人が聞くことができるのですか」。

国師、「（覚りを開いた）聖人が聞くことができる」。

僧、「和尚は聞きますか」。

国師、「私は聞かない」。

僧、「和尚が聞かないのに、どうして無情が説法できると分かるのですか」。

国師、「私が聞かなくてよかった。もし私が聞いていたら、聖人と一緒になってしまい、お前は私の説法を聞かなかっただろう」。

僧、「それならば、衆生は関わることができません」。

国師、「私は衆生のために説法するのであって、聖人のために説くのではない」。

僧、「衆生が（無情の説法を）聞いたら、どうなるのですか」。

**国師、「もう衆生ではない」。**

これは、それほど難解でないであろう。無情はいつでも説法しているが、それは聖人（仏）のみが分かるのであり、衆生には理解できない。国師は、自分自身も理解できないという。肝腎なのは自分のことであって、仏にしか分からない無情の説法など意味はない、というのである。ここでは、無情の説法を肯定するように見えながら、それは衆生とは関わりのないことだと、きっぱりと拒絶している。大事なことは、自己を見つめ、修行に邁進することであって、それと関係ない議論に時間を費やすことではない。

それを受けて道元もまた、安易な無情説法論を批判する。

**愚人おもはくは、樹林の鳴条する、葉花の開落するを無情説法と認ずるは、学仏法の漢にあらず。もししかあらば、たれか無情説法をしらざらん、たれか無情説法をきかざらん。**

ただ自然のありさまがそのまま仏の説法だというのであれば、誰もがそれを聞いていたのだから、別に修行も必要ないことになる。「樹林の鳴条する、葉花の開落するを無情説法と認ずる」のは、所詮「愚人」でしかない。

ただ、道元は慧忠のように、無情説法を切り捨てるわけではない。むしろ、その困難を知って、仏だけに分かるその境地に参入することを求める。「たとひいま人間の所見の草木等を認じて無情に擬せんとすとも、草木等も凡慮のはかるところにあらず」と言われるように、常識的な理解で、草木等を無情だと言って済ませてしまうことを否定するのである。そして、「無情説法を聴取せん衆会、たとひ有情無情なりとも、たとひ凡夫賢聖なりとも、これ無情なるべし」（同、六四頁）という境地に至ることが求められる。無情の説法を聞くためには、無情にならなければならないのである。

空海や道元の無情成仏論・無情説法論は、無情の成仏や説法を認めながら、それが決して安易な自然の賛美でないことが知られる。天台の場合も、一方で本覚思想の中で草木自成仏説が極端化するとともに、他方でそれに対する正面からの批判もあり、一方だけで判断することはできない。草木成仏を、安易に日本的な自然観として賛美することなど、全く根拠にないとんでもないことである。

# 第3節　東アジアの思想と草木成仏

## 1　中国・日本の草木観

### 日本人の自然観

本書の最初で、「山川草木悉皆成仏」という新造語が急速に通俗化し、人口に膾炙したことを指摘した。あたかも、経典にない「草木国土悉皆成仏」という文句が『中陰経』の言葉として広く用いられるようになったのと、似ているかもしれない。だが、「山川草木」論の危険なところは、それがしばしば日本人古来の自然観を代表するかのように見られ、それを賛美するのに用いられたことである。その一方では、中曽根首相の演説に見られるように、これこそ仏教思想の真髄であるかのように語られる言説が、仏教者や、場合によっては仏教研究者によってさえもなされてきた。

日本人は自然を大事にして、自然と共存してきた民族で、それが日本人のすばらしいところだという日本人論的な言説は、あたかもひところ盛んに言われた、「一神教は戦争を引き起こす危険な宗教であり、日本の多神教こそ平和で寛容な宗教だ」という言説と同じくらいおかしな自己賛美であり、あり得ないことである。少し前まで日本人は平和な民族ではなく、尚武の民族だと威張ってきたし、日本人がいかに自然破壊や公害の先端に立ってきたかは、改めて言うまでもないであろう。

「日本古来のアニミズム」ということ自体が、根拠のないおかしな議論である。そもそもアニミズムという概念自体が、一九世紀の西洋において、「原始宗教」なるものを規定するために作られたもので、それを無批判に適用するのは奇妙なことである。確かに、『日本書紀』の天孫降臨段には、ニニギを地上に遣わすところで、「彼の地(くに)に、多(さは)に蛍火の光(かかや)く神、及び蝿声(さばへな)す邪(あ)しき神有り。復草木咸(ことごと)に能く言語(ものいふこと)有り」と言われている。一書には、「葦原中国(あしはらなかつくに)は磐根(いはね)・木株(このもと)・草葉(くさのかきは)も、猶能く言語(ものい)ふ。夜は熛火(ほほ)の若(もころ)に喧響(おとな)ひ、昼は五月蝿如(さばえな)す沸き騰(あが)る」と説明されている（岩波文庫本による）。『書紀』の言いたいことは、天孫が降臨し、神武が平定するまでの日本は、無秩序状態にあったということで、それを平定することで、はじめて秩序をもたらすことができたと、その平定事業を誇っている。

その際、無秩序状態を示すのに、草木などの自然物がもの言うという表現を用いている。もしその原初状態をアニミズムと呼ぶとすれば、そのアニミズム状態を克服して、秩序をもたらしたことこそが、高天原に由来するヤマト朝廷の功業というのである。ただし、その場合であっても、それをアニミズムということができるかどうかは、それほど確かでない。神が降りてくる依り代としての木や岩が神聖視されたり、蛇や狐が神、あるいは神の使いとされるようになることはあるが、自然物すべてを神と崇めるということはなかったと思われる。むしろ日本の古い宗教は、邪馬台国の卑弥呼がシャーマンであったように、アニミズムよりは、シャーマニズムの傾向が強かったと考えられる。

ただ、『古事記』には、国の民を表わすのに「青人草」「人草」という表現がしばしば見られることは注意される。例えば、イザナギが黄泉比良坂でイザナミの追撃を桃を投げて撃退したとき、イザナギは桃に対して、「汝、吾を助けしが如く、葦原中国にあらゆる現しき青人草の、苦しき瀬に落ちて患ひ惚む時、助くべし」と告げている。人もまた、青草のように繁殖する生命力を持ったものであり、その点で、人間と草木の境界はないのである。なお、『万葉集』の時代になると、中国の影響を受けながら、日本人の自然観は大きく展開してくるが、ここでは立ち入らない。

## 仏教思想に草木成仏論はあるのか？

それでは、仏教思想として、草木成仏論は自明のことであろうか。それが決して正統的なものではないことは、シュミットハウゼンが詳細に検証しており、インドでは少なくともきちんとした教理としては成り立っていない。中国ではじめて問題にされ、主として日本で展開してきた。

すでに述べたように、仏教の原則論では、有情（衆生）のみが輪廻すると同時に成仏の可能性を持っている。それ故、有情の枠組みに入る動物（畜生）などと、そこに入らない植物や無機物との間には断絶があることになる。もちろん、その原則論がすべて通用するわけではない。特に植物のみならず無生物にも霊魂的な原理（ジーヴァ）を認めるジャイナ教は、仏教と密接な関係を持って発展しているので、その影響が仏教に入っている可能性は十分にありうる。

中国では、もともと輪廻の観念がなく、この世界全体を生成論的に見る見方が強いので、厳密に動物と植物を分ける必然性がない。そこで、非情成仏や非情説法が議論されるようになったのも無理がない。そのような観念が発展する背景として、『荘子』の影響がしばしば挙げられる。『荘子』知北遊では、こう説かれている。

東郭子が荘子にたずねた、「道というものは、どこにあるんだい」。荘子、「どこにだってある」。東郭子、「具体的にいってほしい」。荘子、「ケラやアリの中にある」。東郭子、「そんなつまらぬものの中にか」。荘子、「ヒエの中にある」。東郭子、「何と、ますますつまらぬものになってきた」。荘子、「瓦の中にある」。東郭子、「何と、ますますひどいものだ」。荘子、「糞尿の中にある」。（福永光司・興膳宏訳『荘子』外篇、ちくま学芸文庫による）

道は螻蟻・稊稗・瓦甓・屎溺にありとする論は、特に禅に影響を与えている。禅では、よく

「乾屎橛」ということが言われる。『臨済録』には「無位の真人是れ什麼の乾屎橛ぞ」と言われ、また、趙州は、「如何なるか是れ仏」という問いに、「乾屎橛」と答えている。「乾屎橛」は、かつては「くそかきべら」と解されていたが、そうではなく、「乾いてかちかちになった棒状の糞」(『岩波仏教辞典』)と解するのが正しい。禅では、このようにスカトロジー的なところさえあるくらい、無意味な役立たないものを強調する。このように、『荘子』をはじめとして、中国では瓦甓・屎溺など、むしろ美観を砕くような即物的なものが非情の代表として挙げられ、それが禅にも受け継がれる。それに対して、日本では草木のように、美的な感覚に合うものが非情の代表とされているのは、両者の相違として挙げられるかもしれない。

また中国では、あくまで有情の主体的な行に重心が置かれたために、草木自発心成仏は正統的な教義としては否定された。天台の場合でも、あくまで正報である有情が修行し、成仏することで、はじめて依報である草木も成仏が可能となるのである。それに対して、日本で草木自成仏説が大きな問題になったのは、それだけ有情と非情、とりわけ人間と草木の間に厳格な線引きがなされていなかったということが、要因としてあるかもしれない。日本においては、中国以上に輪廻論にはなじみがなく、中世には天狗のような公式的な輪廻説には入らない存在も認められるようになった。それ故、仏教の公式的な六道輪廻説が必ずしも定着していたとはいい難い。また、もともと人間を植物に例えるような風土では、有情と非情の差もそれほど断絶的に大きく受け止められなかったであろう。草木成仏論は、そのような背景のもとに形成されたと考えられる。

このように見るならば、確かに草木成仏という問題の取り上げ方は日本の仏教に独自のところがあるともいえる。それも天台や真言において大きく取り上げられ、他方、いわゆる新仏教系ではそれほど大きな問題とされなかった。ただし、天台の中にも批判があったことを忘れてはならない。もともと草木自成仏説が大きな問題となったのは、湛然の『金錍論』にも疑問として提示されていた非情の自成仏説に関して、唐決で日本側が問題としたことを受けて、安然がそれを積極的に評価し、自己の主張としたところに発すると考えられる。それが本覚思想などを通して、極端化していったものであろう。それ故、この問題の進展において、安然の果たした役割には大きいものがあった。

## 2 有情／非情と人間／動物／植物

### 同類と異類のグレーゾーン

安然の草木自成仏論のポイントは、一つは有情と非情の区別を撤去してしまうところにある。自己と同類の線をどこに引くべきかは、必ずしもこうでなければならないという決まった基準があるわけではない。動物に関しても、それを人間と同類と認めるかどうかは、必ずしもはっきり決まっているわけではない。

アリストテレスは、霊魂（プシュケー、心）のあり方によって、植物・動物・人間を分けたことでよく知られる。彼によると、植物は栄養と感覚能力を備えているが、動物はさらに快苦を区別して快楽を追求する欲求の能力を備え、触覚による栄養の感覚を持つという。人間はさらにそれより高次の理性を具えているというのである。西洋の霊魂論は、多かれ少なかれこのアリストテレスの影響を受けて展開してきた。

それを大きく転換させたのが、デカルトの動物機械論であった。デカルトによれば、動物は心があって行動するわけではなく、単に機械的な物理法則に従って反応しているに過ぎないというのである。ちょうど精巧なコンピュータのようなものである。彼によって提出された動物機械論を受け入れたマルブランシュは、妊娠した雌犬を蹴飛ばして、哀しそうな声をあげて遠ざかっていくのを見て、「おやおや、あなたは知らないんですか、あれは別に何も感じないんですよ」と冷たく言い放ったという（金森修『動物に魂はあるのか』、七四頁）。

動物がコンピュータと同じ機械であるならば、蹴飛ばして壊れるかもしれないが、悲しんだり痛がったりするはずがない。それはそれで一つの徹底した見方だ。だが、やはりそれには違和感を持つ人が多いだろう。金森修は、「蝉が死ぬ」と言っても、「蝉が壊れる」と言うことへの抵抗感について述べている（同、四頁）。

そうであるならば、植物の場合はどうだろうか。草木は「枯れる」のであって、「死ぬ」のでも「壊れる」のでもない。それは、動物とも無機物とも異なる位置付けにあるのだろうか。ただし、英語では、草木でもdieを使うから、もっと動物と近く感じられるのであろうか。どうもそれほど単純ではなさそうだ。それに、現代語だけで考えても本当の解決にはならない。すでに述べてきたように、無情は植物と無機物の両方を含むという点からすると、両者の差はなくなる。他方、同じ人間同士であっても、相手を人間のすがたをした悪魔として理解すれば、同類から排除され、殺すことに躊躇はなくなる。

結局のところ、当り前のことではあるが、どこまで同類と見るかは、客観的な基準によるものではなく、どこまで同類として受け止められるかという、他者との関係の持ち方の問題になる。厳密な線引きをして、どこまで同類で、どこから異類になるか明確に分かれるわけではない。その間にはグレーゾーンがあり、また常に流動していて、きっかりと確定できるわけではない。同類度にも差があり、自分に近いものと遠いものとで対応が異なってくる。身近なペットの生死は、遠くにいる自分とは無関係の人の生死よりも強く感じられ、同類性もそれだけ強くなる。同じ動物でも、ペットの猫と台所をはい回るゴキブリでは、簡単に同類視できないであろう。このように、どのように同類化するかは、きわめて多様で錯綜した複雑さを有する。

第1章にも述べたが、人間・動物・植物・無生物を分ける分け方が、今日でも常識になっているのに較べると、仏教の場合、人間と動物は衆生（有情）として同一範疇に収められ、植物と無生物とを含む非情（無情）と対比される。ところが、安然は非情と有情の区別を一挙に撤去し、世界をすべて有情化する。土くれや石ころだけでない。宇宙の端まですべてのものが有情としたらどうなるのだろうか。確かにそれは極論かもしれない。安然はその極論を真如論により根拠付けようとする。その真如論を突き詰めれば、唯一真如のみがあることになり、その立場からは、有情と非情の区別がなくなるのは不思議でない。それ故、有情と非情の同質化は、真如論と密接に結び付くことになる。

もっとも『菩提心義抄』になると、草木成仏には、⑴真如・法界の随縁の力、⑵諸仏の行と誓願、⑶一切衆生（有情）の業の果報の三つの要素が必要であるとして、唯一仏性（真如）の成仏だけでなく、自依心・他依心・共依心の成仏を認めていた。とりわけ、有情の業が環境世界に影響を与えるとすると、そこには無情に対する有情の責任という要素が浮上してくる。『斟定私記』では否定的に見られていた共造業（ぐうぞうごう）（共業）ということも、無視できないであろう。これは、同じような業を持った有情が集まることで、共通の環境世界を感得するということである。人間が関わることで自然が変わるとすれば、どのように人間が自然に関わるのがよいのか、ということは、人間の側に責任のある問題となる。

人間と自然とは、おそらく同質性と異質性の両方があると考えるべきであろう。だが、同質だからといって、それがただちに理解可能となるわけではない。自然は小さな草花や、美しい風景からのみなるわけではない。自然はむしろ人間に理解できない他者性を持ち、さまざまな災害をもたらすことも稀ではない。自然の問題は、もう少し詳しく検討することが必要のようだ。

## 第4節
# 「自然」とは何か

### 前近代から近代にかけての「自然」の変容

「自然」と「作為」を対照させ、後者に近代の出発を見たのは丸山眞男であった。丸山は「自然」から「作為」への転換を、近世における朱子学から荻生徂徠（おぎゅうそらい）へという流れに見ようとする（丸山『日本政治思想史研究』）。即ち、朱子学が人間の社会や倫理を自然との一貫性において見るのに対して、徂徠は両者を切り離し、人間社会の秩序は聖人が人為的に作成したものと考えた。それによって人間社会は自然によって決められたものではなく、人間が責任を持って作り出していくことが可能となる。自然と作為はまた、「である」ことと「する」ことの対比としても捉えられる（丸山『日本の思想』）。「である」ことが封建的な身分の固定化を意味するのに対して、「する」ことは人間の行為によって作られる近代的な社会のあり方である。

丸山の言う「自然」は、言うまでもなく、外界として捉えられる環境的な自然ではなく、伝統的な意味で、人為を排することであるが、徂徠における「自然」から「作為」への転換に、近代社会の出発を見たところが、戦後の新しい社会秩序の創設に向かって出発していた日本の知識人たちに、大きな指針を与えるものとなった。

このように、「自然」と言っても、単純にnatureに当る外界的な自然ではなく、伝統的な意味はいささか異なっていた。『老子』二五章は、万物の根源を述べた世界の生成論を展開しているが、そこでは、次のように言われている。

**物有り混成し、天地に先だちて生ず。寂たり寥たり、独立して改まらず、周行して殆まず。以て天下の母と為す可し。吾れ、其の名を知らず、之に字して、道と曰い、強いて之が名を為して大と曰う。……人は地に法り、地は天に法り、天は道に法り、道は自然に法る。（蜂屋邦夫訳、岩波文庫による。傍点、引用者）**

これによれば、天地成立以前の混沌とした世界のおおもとの状態が「道」である。「道は自然に法る」は、道と別に自然があるわけではなく、道のあり方を言っているものと解される。しばしば、「無為自然」と言われるように、作為を加えない状態である。それは、事物に内在する本性を意味することもあり（性の自然）、世界を全体として見た場合、その運動もまた自然である（天道自然）。それぞれのものが本性に従って存在し、世界全体もその運動が定まっていると考えれば、「自然」は必然性を意味するが、世界の活動が法則的に把握できないとすれば、「自然」はむしろ偶然的である。「自然」はまた、実践的には、人為を否定してあるがままに任せる境地を意味し、儒教的な倫理道徳を超える自由で理想的なあり方を意味した。

このような多義的な意味を持つ「自然」という語は、漢訳仏典にも用いられた（仏教では「じねん」と読む）。その際、自性・本性を意味するスヴァバーバ（svabhāva）に当る場合と、自存者を意味するスヴァヤンブ（svayaṃbhu）に当る場合がある。後者はブッダの同義語で肯定的に用いられるが、前者は仏教の実体否定の原理に反するものとして否定される。さらに、『無量寿経（むりょうじゅきょう）』などでは、対応するサンスクリット語がないにも関わらず、「自然」が多用されている。それは、此土に関して用いられた場合と、阿弥陀仏の浄土に関して用いられた場合があり、前者は因果の束縛の必然性を意味するが、後者は逆に因果の束縛を超越した自由な世界を表わしている。このように、仏教においても「自然」は肯定的にも否定的にも用いられるという、複雑な性格を持っている。しかし、老荘と習合する中で、次第に肯定的に、人間の作為を超えた高い境地を表わすことが多くなった。親鸞の「自然法爾（じねんほうに）」もまた、このような流れの中に位置する（拙著『仏教―言葉の思想史』参照）。

このように、前近代の「自然」の語は多義的ではあるが、人為と対比されること、環境としての外界のみならず、人間のあり方にも適用され、人為を超えた理想的な境地を表わすこと、などの特徴が見られる。これらは、明らかに近代的なnatureとしての「自然」と異なるところである。それ故、仏教的に言えば「依報」とか「器世間」、中国思想から言えば「天地」などのほうが、今日言うところの「自然」に近い。しかし、「自然」の概念が、外なるものにも内なるものにも共通して使われるように、「人間」と「自然」が明確に分かれないところに、伝統的な自然観の基本的な性格がある。だからこそ、丸山は徂徠における「自然」と「作為」の区別に、それまでの伝統思想と異なる新たなる可能性を見出したのである。

草木成仏論においても、このように外界の自然（依報）と人間（正報）とが必ずしも明確に分かれず、共通する「自然」の中にあることを注意しておかなければならない。

# 第5節　顕冥の世界観と草木成仏

## 「顕」と「冥」

近代的な仏教解釈の大きな誤りは、近代的な世界観を前提として、仏教を解釈しようとするところにある。近代的な世界観というのは、現象する世界、見える世界をすべてと考えるところに成り立つ。それは合理的、科学的に解明される領域であり、不可知の要素は排除される。典型的には、死者の扱い方である。死者はすでにこの世界から消えたのであるから、死者を問題にすることはできない。死後の世界など、科学的に証明できない以上、ナンセンスであり、問題にする必要がない、というのである。だが、そう言いながら、葬儀や死者供養はずっと行われ続けた。これは矛盾であるが、後者にはあえて蓋をして論じないところに、近代的言説の世界が展開する。

近代は生者の世界であり、生の哲学の全盛である。

まして、神とか仏とかが問題になるはずもない。近代哲学で「神」と言えば、一神教の神であり、日本の神々など程度の低いものとして歯牙にもかけられなかった。仏教は無神論とされ、大勢の仏や菩薩たちは、無知な人を導く方便としてしか見られなかった。

だが、前近代の世界観はそうではなかった。仏教が大きな力を持った時代には、世界はもっと複雑な構成を持っていた。この現象的な世界の外に多様な世界がありうる。六道を考えてみても、畜生はともかく、地獄・餓鬼・修羅などは、現世の人間からは見えない存在である。まして、三千大千世界といっても、どれだけ広がっているのか見当もつかない。そのまだ先に、極楽などの他方仏国土があるのである。そのような世界は、直接的な経験は不可能であるにもかかわらず、こうした異世界は、現世に何らかの影響を及ぼし、人間は神々や仏たちと共に住んでいた。

現世は、感覚的に認知でき、顕在的であるという意味で、「顕」と呼ぶならば、現世からは感覚的に捉えられない領域は、顕在化されていないという意味で「冥」と呼ぶことができる。「顕」と「冥」という言葉は、慈円（一一五五－一二二五）の『愚管抄』に重要な術語として用いられている。『愚管抄』では、「顕」の世界はそれだけで理解されるものではない。例えば、天皇と摂関家の藤原氏との関係は、その祖先神であるアマテラスとアマノコヤネの「冥」の世界での契約に基づくとされている。この世界の歴史には、私たちのうかがい知れない「冥」の世界が関与しているのである。

「顕」と「冥」の概念は、『平家物語』などにも用いられており、中世の世界観を特徴付けるキーワードとも言える。南北朝期の慈遍のように、「冥」なる状態から「顕」なる世界の生成を説

**伝統思想に基づく世界観**

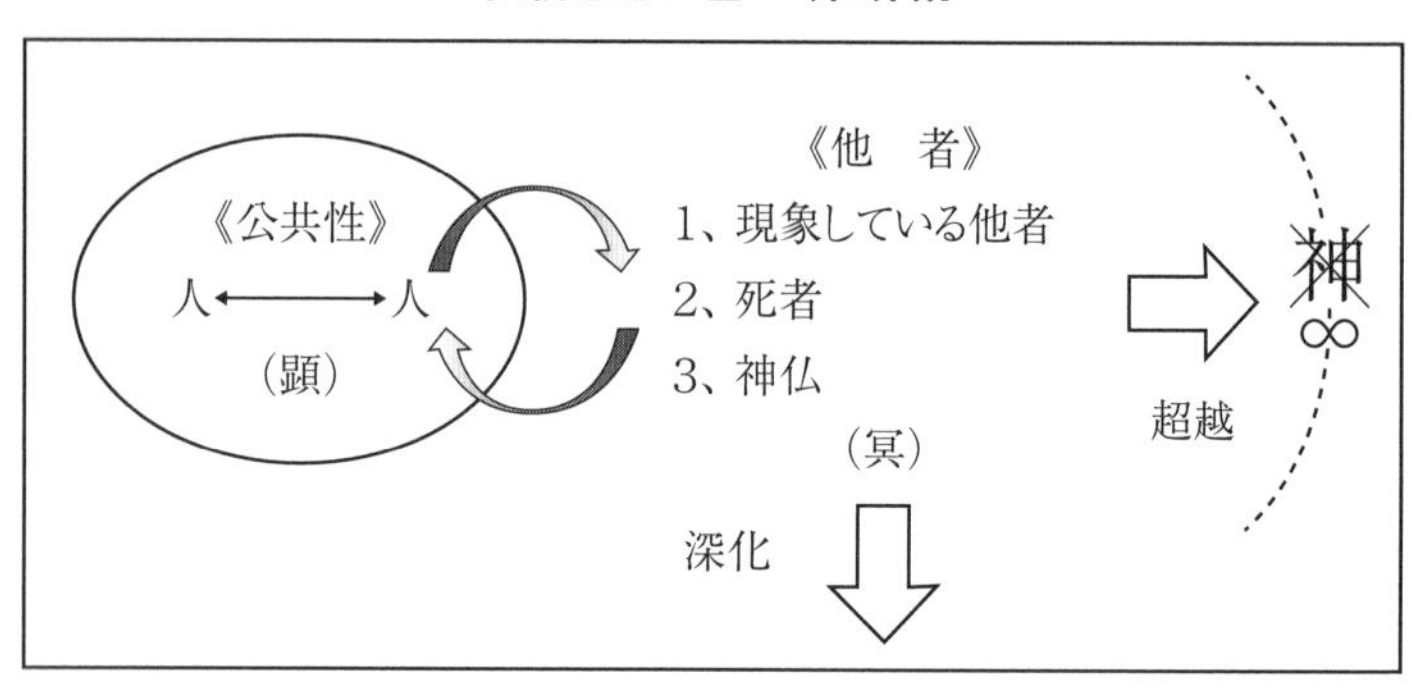


き、神道を確立しようとした雄大な世界生成論も見られる。神道においては、「幽（ゆう）」とか「幽冥（ゆうめい）」という言葉もしばしば用いられている。

私は、この「顕」と「冥」を中心概念として、日本の伝統思想に基づく世界観を再構築することを試み、それを上図のように表わしている。「顕」の領域は、今日の言葉で言えば公共性の領域と言うことができ、「冥」の領域は、公共化できない他者の領域と見ることができる。その他者＝冥の領域には、現象している他者・死者・神仏の三つの層を考えることができる。「現象している他者」というのは、例えば、私たちは他の人と共に生きていても、その人が完全に分かるわけではなく、常に理解不能なところがあるということである。他の人ばかりでなく、そもそも私自身が私にとっては理解不能のところを持つ他者である。

自然（依報としての）もまた「現象している他者」と考えることができる。一面において、それは依報とされるように、正報である私たちにとっての環境であり、正報の業によって形成されるところがあるのだから、正報と関わりのあることは間違いない。私たちは自然に対して、何らかの責任があるのであり、無関心、無関係でいるわけにはいかない。自然はただ人間によって利用されるだけでよいものではない。

しかし他方、自然はやはり私たちの制御を超え、理解できないところを持っている。自然はどこまでも他者として畏れつつしむとともに、尊重されなければならない。自然を完全に統御できると考えるのは、人間の傲慢である。どれほど科学が発展しても、自然の不可知性は残るのである。

### 「真如」と一神教的な「神」

さらに、安然の思想の重要な点は、その自然を有情と同質的なものと見るところにある。動物機械論と対照的に、今日の科学によれば、動物は心を持ち、痛みを感じ、悲しんだりすると認められている。しかし、草木や、さらには石ころや海やひいては地球外の天体までも、同質的に見ることが、本当にできるのだろうか。

安然はそこで「真如」を持ち出してきた。それならば、真如はどのように位置付けられるのであろうか。ここで、真如が秘秘中深秘の段階で、もっとも奥深い真理として見出されるということが、大事である。真如は、他者との関係の世界を深く掘り下げていくところに見出されてくる。否、それ自体はどこまでも行き着かない先の先である。その底の見えない真如が、有情も非情もすべての共通性の根源をなしているというのである。植物も無機物もどこかで私たちと根がつながっているのである。

もちろん、そのようなことを認めるかどうかは、議論の分かれるところであろう。しかし、これは客観的に証明できる理論の問題ではない。私たちが、どこまで自分とつながった同質のものとして受け入れることができるかの問題である。宇宙の果てまで、それどころか宇宙の外のものまで、すべてを同質化するのは、いささか行き過ぎの感がしないではない。本当は、先にも述べたように、グラデーションがあり、他者にも階層があるであろう。安然は、真如において万物がすべて一体化して区別を失い、ヘーゲルの言葉を使えば、「すべての牛が黒くなってしまう」ような極限的な思想を展開している。

他者の領域を深めていくとき、「真如」というがっちりした基体に行きあたるのではないであろう。その闇の先がどうなるのかは分からないが、しかし、この世界の構造をどんどん深く突き詰めていくということは、可能であると思う。先の図において、下向きの矢印に「深化」と名付けたのはそのことを言いたかったからである。

それに対して、日本の古典思想には、一神論の絶対神的な面は弱い。ただ、それを受け入れることのできる構造はある。図で、右端に点線で無限の先を表わし、神に×を付けたのは、その一神教的な神の位置を示している。神に×を付けるのは、神は存在ということをも超えているからであり、カトリックの哲学者ジャン・リュック・マリオンの表示法を用いたものである（マリオン『存在なき神』)。

一神教的な神に至るには、超越ということがなされなければならない。神は、全く私たちと同質性を持たず、そこには絶対的な断絶がある。あるいは神の側からすれば、似姿として人間を作ったのかもしれないが、人間の側からは神への接近はなしえない。神はあくまで人間の領域を超越している。

真如の場合、超越ということはない。即ち、絶対的な断絶はない。他者の領域を深く掘り下げ、深化させていく中で、次第に顕わとなってくるものがある。それを「真如」という言葉で表わすのが適当かというと疑問かもしれない。むしろ、底知れないということで、あえて言えば、「無」と言うほうがよいかもしれない。それは、上方からやってくる「聖」とは異なり、自己の基層を掘り返し、自他の区別を失い、堕ちていく闇であり、戦慄すべき何かである。あえて言えば、西田幾多郎の哲学でいう「場所」に近いものがある。

しかし、それはすべてを無化して、ブラックホールの中に取り込んでしまうのでなく、逆にそこから光が生まれてくる場所でもあろう。世界が消滅する場は、同時に世界が生成する場でもある。安然における真如は、万物がそこに帰滅していく場であるとともに、無明さえも生み出して世界へと自己展開する創造の原理でもある。それは、仏教としてはきわめて異端的な思想と言うべきかもしれない。むしろヒンドゥー教に近いかもしれない。

ヒンドゥー教の聖典『バガヴァッド・ギーター』は、大叙事詩『マハーバーラタ』の一部であり、戦場で厭戦の思いにとらわれた主人公アルジュナに対して、御者クリシュナが人間のあり方を説くという構成になっている。その中で、アルジュナの求めに応じて、クリシュナは至上神ヴィシュヌの姿を現わす。それは、あらゆるものを呑み込み、神々も世界もその中に一堂に会するような姿であった。

**神よ、私はあなたの身体のうちに神々を見る。またあらゆる種類の生類の群れを見る。……多くの腕と腹と口と眼を持ち、あらゆる方角に無限の姿を示すあなたを見る。（第一一章一五－一六。上村勝彦訳、岩波文庫による）**

それはあらゆる神々、そして生あるものたちを統合する。それだけでない。あらゆるものがその中に飛び込むことは身を滅ぼすことである。最高神ヴィシュヌは、あらゆるものを滅亡させる恐ろしい死の神でもある。

**蛾が大急ぎで燃火に入って身を滅ぼすように、諸世界は大急ぎであなたの口に入って滅亡する。あなたは全世界を遍く呑み込みつつ、燃え上る口で舐めつくす。あなたの恐ろしい光は、その輝きで全世界を満たして熱する。ヴィシュヌよ。（同、三〇）**

ヴィシュヌ自身、その本身を自ら語る。

**私は世界を滅亡させる強大なるカーラ（時間）である。諸世界を回収する（帰滅させる）ために、ここに活動を開始した。（同、三二）**

カーラは時間であり、死滅であり、運命である。万物を生み出す神は、同時に万物を滅ぼし、自己のうちに回収する運命の神でもある。それは、いわば真如をより躍動的に神格化したものということができる。真如もまた、万物を生成すると同時に、万物がそこに帰滅する場所でもある。

密教はインドにおいてもヒンドゥー教の大きな影響を受けている。日本の神道とヒンドゥー教の近似を指摘する研究もある。日本では、ヒンドゥー教というと親しみがなく、また、仏教から批判されるところから、否定的に見られることも少なくない。しかし、それだけに留まらない深い叡智を湛えている。今後もっと注目していく必要があるのではないだろうか。

### 真如の哲学へ

真如については、哲学者の井筒俊彦が優れた考察を行っているので、簡単に触れておきたい。井筒の生涯最後の仕事は『大乗起信論』の哲学的分析であった（『意識の形而上学――『大乗起信論』の哲学』）。その中で、井筒は真如についてこう述べる。

第一義的には、無限宇宙に充溢する存在エネルギー、存在発現力、の無分割・不可分の全一態であって、本源的には絶対の「無」であり「空」(非顕現)である。

しかし、また逆に、「真如」以外には、世に一物も存在しない。「真如」は、およそ存在する事々物々、一切の事物の本体であって、乱動し流動して瞬時も止まぬ経験的存在者の全てがそのまま現象顕現する次元での「真如」でもあるのである。

この意味で、「真如」は先ず存在論的に双面的である。一方において、それは「無」的・「空」的な絶対的非顕現、他方においては「有」的・現象的自己顕現。(同書、一五頁)

これは、真如の持つ両義的な性格を示したものとして、納得のいく説明である。井筒は、さらに真如の価値性についても論及している。それも深い省察である。世界の哲学に広く通じた稀有な哲学者にしてはじめて言いうる洞察に満ちている。

しかし、よく見ていくとさまざまな問題がある。例えば、真如をただちにエネルギー的なものと見てよいか、ということが疑問として挙げられる。確かに真如は世界の根源として、「気」的なエネルギーや、ヒンドゥー的な世界生成の力と共通する面がないわけではない、しかし、そのような躍動性は、真如においてはただちには示されない。また、「無分割・不可分の全一態」という言い方も、井筒の好むところであるが、そのように言葉で言い止めて、すべてを明快に白日の下に明らかになしうるかというと、やはり抵抗感がある。これまで述べてきたように、真如には、もっと分からなさ、不可解さが付きまとい、他者の他者性の根源という性格を持っている。だからこそ、安然も秘秘中深秘釈においてはじめて真如に到達できるというのである。その点、井筒の捉え方はあまりに早急に明快化し過ぎてはいないだろうか。

真如の問題を考える際に参考になる現代哲学の議論として、いささか話が飛ぶようだが、ジャック・デリダとジャン＝リュック・マリオンの論争を挙げておきたい。マリオンについては、先に「神」に×を付ける理解に関して触れたが、現代を代表するフランスの哲学者であり、「現象学の神学的転回」と呼ばれる動向を先導している。マリオンは、高等師範学校でデリダに学び、デリダの脱構築の影響を受けながら、それを超える哲学の構築を目指している。それは、カトリック的な神の理解を現象学的な方法で明らかにしようというもので、「贈与」の概念が中核に置かれている。究極の「贈与」は神から与えられる「啓示」であるが、それは一五四頁の図で言えば、右側の矢印の「超越」の方向の極限から逆向きに出てくるものである。

それに対して、デリダは、どのような贈与であっても、必ずそれに対する見返りが生じ、交換に堕すると批判し、贈与をも含む根源として「コーラ」という概念を提示する。「コーラ」というのは、プラトンの『ティマイオス』に出るもので、創造神デミウルゴスがイデアをもとに世界を創造するとき、それを受容する場として語られる。デリダは、あらゆる規定を逃れつつ、しかもそこにおいてすべてが成り立つコーラの概念に着目している（『コーラ――プラトンの場』）。

コーラは、先の図で言えば、下向きの「深化」の矢印によって明らかになってくるものと考えられる。だが、マリオンの立場からすれば、そのようなコーラもまた、神からの贈与の絶対性に呑み込まれていくであろう。マリオンとデリダが直接対決した議論では、相互に贈与とコーラを持ち出して譲らず、まさしく現代哲学の醍醐味が凝集されたようなスリリングな論争が展開されている（***God, the Gift, and Postmodernism*** 所収。この論争に関しては、岩野卓司『贈与の哲学』に的確な解説がある）。

私たちの議論からすると、マリオンの贈与（啓示）が超越的な一神教の特徴を的確に表わすのに対して、デリダの言うコーラは、真如や気、あるいはヒンドゥー的な神や西田哲学の「場所」などに共通する方向性を示している。井筒俊彦が問題とする東洋的な神秘主義も、このような方向に共通するものを見出そうとする試みと言えよう。一神教的な神と場所的な真如の対抗という問題が、現代哲学の最前線においても繰り返されていることが知られる。

ちなみに、もともとのインドの仏教の立場は、「超越」の方向にも「深化」の方向にも行かず、そのような極限へ向けての探究を断念し、切り捨てるところに成り立っている。ブッダは形而上学的な議論を空虚な議論として否定した。それは、「超越」にしても「深化」にしても、私たちの「知」の可能性を超え、どこまで進むか分からない密林の中に迷い込むことを避ける賢明な智慧と言えるかもしれない。だが、ブッダの後継者たちは、そのような断念の中に留まることができなかった。

一体どの立場がもっとも優れているのであろうか。おそらくそのような問いは意味をなさないであろう。もしかしたら「超越」と「深化」はどこかでつながっているのかもしれない。それはまだこれから解明していかなければならない。真如の問題は、このような現代の哲学の最先端に直結してくるのである。

# 第5章　自然と災害を考える

## 第1節
# 災害天罰論再考

### 見えないものの声を聞く

二〇一一年三月一一日の東日本大震災の後、当時の石原慎太郎東京都知事が、震災は天罰だと言って物議をかもした。そのとき、私はただちに石原に与するわけではないが、しかし、そのような見方を無視してはいけないのではないか、ということを宗教新聞『中外日報』に書いた。それに対して、ネット上で炎上するほどの批判が相次ぎ、活字メディアでも批判を招いた。その経緯とそれへの応答は拙著『現代仏教論』（新潮新書、二〇一二）に記した。

私は、批判は大いに歓迎する。論争することで、はじめて議論が深められる。それは、千年以上も前に、最澄や安然が取った態度だった。相互に議論することで、自分の説を深め、確立していくということは、かつての日本の思想家たちの積極的な方法だった。相互批判のやり取りが、本当の問題のありかを指し示し、思いもかけない新しい思想の展開に導いてくれる。

震災に当っては、日本の伝統仏教だけでなく、南伝系のテーラワーダ仏教やチベット仏教の関係者も積極的に活動に加わり、アルボムッレ・スマナサーラやダライ・ラマ十四世のような指導者たち（敬称略）も被災地を訪れ、積極的に発言して、被災者たちを力づけた。そこには、同じ仏教と言いながら、おのずからそれぞれの違いが見られ、自然に対する対し方も異なっている。テーラワーダでは、自然はあくまで自然法則に従うものであり、それによる災害は無常として受け止め、智慧を育てていくべきものだと言う。それに対して、チベット仏教の場合は、日本と近いところがあり、神々をなだめることが求められる。

それに対して、日本の仏教の場合はどうであろうか。前述のように、日本の仏教には、「冥」なる世界と関わる智慧が蓄積されてきているはずなのに、残念なことに、それを取り上げる仏教者や研究者はほとんどいなかった。それどころか、自然の奥の「冥」なるものへの畏れを取り戻すことの必要を説く私に対して、自然はあくまで自然として科学の問題であり、それを超えた力を認めるのはおかしいという批判ばかりが集中した。これはきわめて奇怪であるとともに、危険なことである。そのような思いから、拙著を出版した。

だが、世間はもはや震災のことなど関心をなくしてしまったようで、拙著へもどこからも批判が出なかった。原発問題を除けば、震災はもう過去のこととされてしまったようだ。「絆」というような口当りのよい言葉だけが闊歩し、本質に触れる問題を避け、言葉を統制し、それどころか言葉狩りが横行し、被災地はできるだけそっと閉じ込めて語らないようにして、早く忘れようというのが、今日の日本の社会のやり方らしい。それは、戦争期に日本軍の大勝利ばかりが喧伝され、それへの危惧を表明することが許されなかった時代に似ている。「日本を取り戻す」「強い日本を作る」という幻想が嘘であることをみんなが知りながら、それを口にすると圧殺される。そんな時代がよい時代であるわけがない。戦争と自然破壊へ向けて、一直線に進んでいるようだ。正直を言って、いささか苛立って、『中外日報』に以下のような記事を書いた。これにも、どこからも反応はないが、それも仕方ないのかもしれない。預言者の言葉は世に容れられることはないが、言うべきことは言わなければならない。

【災害天罰説を再度考える——なぜ過去に学べないのか】

福島第一発電所の汚染水漏出問題は、依然として深刻な状態であり、予断を許さない。その中で、安倍晋三首相は、ＩＯＣ総会で「状況は統御されている」と発言して安全を強調し、二〇二〇年の東京オリンピック誘致を成功させた。猪瀬直樹東京都知事（当時）によれば、東京は安全で安定した都市だという。

本当にそうだろうか。原発汚染水は統御されて心配ないのだろうか。東京はいつ大地震が来て崩壊するかもしれないと警告していたのは、嘘だったのだろうか。誰も、首相や都知事の楽観論をそのまま信ずる人はいないであろう。しかし、それでも経済効果があり、明るい未来の展望が開けるかもしれないと、はかない虚構の希望にすがっている。

震災後、「少欲知足」と盛んに言いつのったのは、一体どうなったのであろうか。リニア新幹線で東京・名古屋が四〇分だと囃し立て、莫大な費用をかけて、自然を削り、山脈に穴をうがつ。そんなスピードを誰が求めるのであろうか。震災の爪跡を封印し、福島を封印し、いやなことは忘れて、目新しいものに浮かれる。それで本当によいのだろうか。

こんなバカなことが、一体いつまで通用するのであろうか。自己を顧みない欺瞞や傲慢は、必ず強烈に復讐される。畏れを知らず、身の程をわきまえず、未来への責任を放棄し、ギャンブル依存症の人間が、次にはきっと一攫千金が転がり込むと夢見て全財産を張り込むのと同じようなことをして、本当にうまくいくと思っているのであろうか。

この頃僕はまた、災害天罰論の問題を考えている。僕は、災害が天罰だとストレートに言うことには抵抗があり、直ちにそうは信じられない。しかし、これほど過去に学ぶことができず、愚かな過ちを繰り返そうとするのならば、もしかしてそこには天罰というものもあるかもしれないという気持ちを、拭い去ることはできない。

＊　＊　＊

東日本大震災後、石原慎太郎都知事（当時）が震災を天罰だという発言をし、批判を浴びた。僕は、それに直ちに賛意を表するわけではないものの、そのような見方もありうるという私見を『中外日報』二〇一一年四月二十六日号に書いた。それに対しては、ネットが炎上するほどの多数のバッシングを受けた。それには、ブログにおいて僕として可能な限り誠実にお答えした。

また、活字メディアでは、高橋哲哉氏が『犠牲のシステム　福島・沖縄』（集英社新書、二〇一二）で批判を展開した。それに対しては、拙著『現代仏教論』（新潮新書、二〇一二）で応答し、そこにはネット論争に関しても、重要な部分を収録した。その後、それへの再反論はなく、何となく収束したような感じもある。しかし、僕としては、過去の問題として終わらせてはいけないという思いが、最近ますます強くなっている。

災害天罰論は、確かに世間の常識に反するものであり、受け入れにくい。関東大震災後に、災害を人間の文明の発展と関連付けて考察した寺田寅彦の論は、今日高く評価されていて、確かに誰にも分かりやすい。それに較べると、震災を天罰と断言した内村鑑三の論は評判が悪く、高橋哲哉氏の著書でも厳しく批判されている。内村を愛好する人たちも、この問題には口を拭って、ほとんど正面からは論じていないようだ。

確かに、天罰を論ずる内村の文章を読むと、どこか不快な違和感があり、そのまま素直には受け止められず、むしろ反発を覚える。しかし、にもかかわらず、そう言わなければならなかった内村の心情を思うとき、一概に間違っていると退けることのできない、深い問題が潜んでいるようで、いわば逃げようのない刃を突きつけられる思いがする。

内村は、一九一二年に長女ルツ子を失い、それを大きな転機として信仰を深め、一九一八年には積極的に再臨運動を展開するようになる。これは、第一次世界大戦後の混乱を背景に世界的に広まったもので、キリストが間もなくこの世に再臨し、審判が行われて、信ずる者の永遠の救済がなされるという終末論である。運動は一時的な高まりを見せたものの、キリスト教内部でも多くの反対論が生まれ、翌年には実質的に消滅した。

確かにきわめて非科学的、非合理的であり、あまりに夢想的で、カルト的新宗教のような危うさがある。しかし、そこには信仰のギリギリの先端に身を置いて、言ってみれば百尺竿頭（ひゃくしゃくかんとう）に一歩を進めるような、内面の厳しい緊張感が表明されていて、ただ単に否定して済ませられないものがある。

内村は運動退潮後の孤立の中でも、その信仰を揺るがすことはなかった。一九二三年、かつて愛弟子であった有島武郎の心中事件に衝撃を受けて、神も背教者に対して怒りを表わし、神罰を加えると、厳しく糾弾している（「神は侮るべからず」）。

そのような時に関東大震災が起こったのであり、天罰説が説かれる必然性は十分に用意されていた。内村は、「天災は読んで字の通り天災であります。即ち天然の出来事であります。之に何の不思議もありません。地震は地質学の原理に従ひ、充分に説明する事の出来る事でありますす」（「天災と天罰及び天恵」）と、合理的、常識的な見方を一応肯定した上で、一転してそれを超えていく。

即ち、「然し乍ら無道徳の天然の出来事は之に遭ふ人に出て、恩恵にもなり又刑罰にもなるのであります」（同）と、単なる自然現象がそれを受ける側の受け止め方で、恩恵や刑罰とされうる可能性へと進んでいく。すでにそれは、自然現象を自然現象として捉える次元を超えた問題である。

そこで、「地震以前の東京市民は著るしく堕落して居りました故に、今回の出来事が適当なる天罰として、彼等に由て感ぜらるゝのであります」（同）と続けられる。天罰という捉え方は、まさしくそれを受ける者の主体的な受け止めの中で初めて意味を持つ。それ故、客観的な科学と同レベルの問題ではなく、まして他者の不幸をあざ笑う議論であるはずがない。自分自身が刃を突きつけられ、切り刻まれるのである。罪を裁かれ、悔い改めを求められるのは、他ならぬ自分なのだ。

先にも述べたように、僕は直ちにこのような理論を受け入れるというわけではなく、むしろ反発を感じるところもある。それでも、そこに表明された真摯な自己反省と、預言者的な文明の糾弾には、深く惹かれるところがある。今の文明は絶対に間違っている、にもかかわらず、それを止めることができないという内村の内面の焦燥と葛藤に共感を覚える。

僕は、内村のように、絶対神への信仰という立場はとらないが、しかし、この世界が目に見える人間や自然だけでできているのではないという点では、一致する。死者や神仏など、目に見えない者たちの声にも耳を傾け、彼らの苦しみや悲歎をも受け止めなければならない。だから、地震・津波は天災、原発は人災と分けて、原発だけを問題視する見方は間違っている。巨大な堤防を作り、自然を拒絶しようという発想と、原発は安全だという神話とは、どこかでつながっている。それはまた、経済優先で、オリンピックに浮かれ、リニアで自然破壊を進めるという見方にも通ずる。

本当に豊かな自然観は、自然を単なる自然としか見ないのではなく、自然を他者として畏れと敬意と節度を持ちながら、親しむところにしかない。自然は、人間だけのものではない。死者や神仏と共なる場でもある。目に見えない者たちの叫びを封殺してはいけない。彼らが耐え切れずに怒りを爆発させることがないとは言えないのだ。(『中外日報』二〇一三年一〇月五日)

## 第2節　日本人の災害観

### 天譴説、陰陽道、祟り

地震や洪水など、日本は自然災害の多発地域である。安然が活動した貞観年間も、富士山の大噴火（貞観六年、八六四）、東北地方を中心として、東日本大震災に匹敵する大規模な貞観大地震と大津波（貞観十一年、八六九）など、自然災害が相次いだ。

このような災害を、日本人はどのように考え、どのように対処していたのであろうか。古代の日本人の災害観としては、天譴説、陰陽道の理論、祟りの思想の三種類が挙げられる。天譴は天罰と同じで、天罰という語も用いられる。これはもともと中国の儒教において説かれるものである。支配者が優れた政治をしているかどうかで、もし悪政を行うと、天が災害を起こして懲らしめるというものである。災害が起こるということは、皇帝の政治が間違っているからということになる。これは、天人感応の思想と関連する。即ち、人間の道徳的な善悪によって、天がそれに感応して賞罰を下すという考え方である。ただし、その際の人間側はあくまでも支配者の問題であり、直接には皇帝の政治の善悪であって、一般庶民の活動ではない。儒教的な善政の要求と結び付いて発展したものである。日本でも、奈良時代から平安時代初期に見られるようになった。

陰陽道の理論は、仏教とも密接な関係を持っている。地震の原因に火神動、龍神動、金翅鳥動、帝釈天動の四つを立てる。即ち、これら「冥」なるものの活動で地震が起こるというのである。これはもともとは仏典である『大智度論』巻八に出ており、星宿（星座）と結び付けられ、どれに当るかで吉凶が判断され、対応が決められる。それを判断するのが陰陽師の役目である。中世には、地震が起こると、この四種にさらに水神動を加えた五種のいずれかに分類することが行われた。地震自体は災厄ではなく、災厄の予兆となる怪異現象と見なされ、それ故、為政者は身を慎んで災厄を招かないようにしなければならないのである。従って、やはり朝廷を中心として、為政者の問題であり、一般に広く普及したわけではない。

第三が祟りの思想である。祟りは天譴説の咎と似ているが、儒教的な天を前提として為政者の善政を促すのとは異なっている。祟りをなすのは、神であったり、恨みを呑んで死んだ死者の霊であったりする。平安初期には、政治的な陰謀が渦巻き、その中で不慮の死を遂げた人の霊が祟るようになった。とりわけ、桓武天皇の弟早良親王は藤原種継暗殺事件に連座して流罪に遭い、途中で憤死したが、その後相続いた疫病の流行や洪水は、その霊の祟りとされ、畏れられた。貞観五年（八六三）には、神泉苑において御霊会が行われたが、このときには、早良親王はじめ、六柱の霊が祀られた。このように、霊を鎮めて災いを祓おうとするのが御霊信仰であり、もっとも有名なのは筑紫に流罪に遭って憤死した菅原道真の霊を祀った天満宮信仰である。このような祟り説は、政治が絡む国家的な問題ばかりでなく、個人の病気や突然の死も、しばしば悪霊によって引き起こされると考えられた。悪霊には、死者の霊や敵対するものの呪い、生霊、さまざまな魔的な存在などが含まれ、それに対しては密教的な呪法で対抗することがなされた。

また、多くの祭はこのような災厄神を慰撫して、災厄を免れることを目的として行われた。その典型は、京都の祇園祭（祇園会）であり、中世にはその祭神は災厄神である牛頭天王と考えられていた。牛頭天王を粗末に扱った巨旦将来は、牛頭天王によって滅ぼされたが、丁重に歓待した蘇民将来の一族はその災厄を免れることができたという。このように、災厄神は災厄をもたらす恐ろしい神であるが、同時に丁重に祀るならば、その強力な力によって災厄を除く利益のある善神としてのはたらきをも示す両義性を持っている。牛頭天王は朝鮮に由来する神とも言われ、神仏習合的であるとともに、陰陽道の要素も入っていて、日本の各地で祀られている。

## 「祟り」から学んできた日本人

平安期から中世にかけて、御霊説を含む祟り説は広く受容され、日本では天譴説よりも一般的となった。このことは、道徳的な善悪よりも、現世を超え、その背後にある霊や神仏との関係を重視することを意味する。天譴説が儒教的な政治論を背景としているのに対して、祟り説は在来の神信仰に由来する要素を持ちながらも、仏教、とりわけ密教によって大きく展開し、さらに陰陽道的な側面も持つ複合的な性格を持っている。

貞観の頃は、災害が多いとともに、その災害の原因を探り、その対処法が確立する時期でもあった。その時代に思想形成をなした安然が、そのような状況とどのように関わったのかは不明であるが、安然はこうして確立してくる密教儀礼の大成者であり、『胎蔵界大法対受記』や『金剛界大法対受記』などに、それらの儀礼の方法が詳細に記されている。

やや時代を下ると、天譴説や祟り説を取り入れながら、独自の災害論を展開し、自らの宗教的実践と結び付けた日蓮（一二二二－一二八二）が現われた。当時は鎌倉時代も後半に入り、さまざまな災害が続いて社会不安が高まった。『立正安国論』（一二六〇）の冒頭は、こう書きはじめられている。

**旅客来りて嘆いて曰く、近年より近日に至るまで、天変・地夭・飢饉・疫癘、遍く天下に満ち、広く地上に迸る。牛馬巷に斃れ、骸骨路に充てり。死を招くの輩、既に大半に超え、之を悲しまざるの族、敢て一人もなし。（佐藤弘夫校訂、講談社学術文庫による）**

そのような状況に、どうしたらよいかと問う客に対して、主人が答えていく。その基本は、「世皆正に背き、人悉く悪に帰す。故に善神国を捨てて相去り、聖人所を辞して還らず。是を以て、魔来り鬼来り、災起り難起る」というところにある。人々が正しいことに背いて悪に帰すると、善神は国を見捨てて去ってしまうので、残った魔や鬼が暴れて災害が起こるというのである。これは善神捨国説（ぜんしんしゃこくせつ）と呼ばれる。災害が道徳的な善悪と関係付けられる点で天譴説に近いが、天譴説の天が唯一的なのに対して、善神と魔・鬼の関係を問題にしたところに特徴がある。また、支配者だけの責任にせず、「世皆」とか「人悉く」のように、人々全体の責任に帰していることも注目される。そのことを日蓮は、『金光明経』等の経典を引いて論証している。

　では、具体的に「正に背き」とか「悪に帰す」とはどういうことかというと、人々が『法華経』を捨てて、念仏に帰したことだとして、当時流行していた法然流の念仏を批判するのである。日蓮は『立正安国論』を政府に上呈して念仏の禁圧を実現しようとするが、かえって自分が佐渡に流罪にされる。その中で、日蓮は自らを見つめ、『法華経』の主体的な理解を深めることになる。それは、過去世において自分自身が『法華経』を誹謗したので、それで現世の苦難を受けることになったのではないかという自省である。その自省が『法華経』の行者としての自覚をさらに深めていくことになった。

　以上のように、仏教を中心とした日本の災異説を見ると、自然災害をただ自然現象と見るのではなく、その中に自らの行為を反省し、身を正していこうとする方向が常に見られる。そこには、病気を怨霊によるものとするのと同じように、確かに非科学的、非合理的なところも多く見られる。ただ、すべてを科学的、合理的に解釈してしまうのがよいのかどうかは、今日改めて問い直されなければならないであろう。

## 第3節 自然の奥へ

### 私たち自身の根源に近づくために

自然は一体何を語ろうとしているのだろうか。本当に自然の声を聞くことができるのだろうか。それは、道元も言うように、決して容易なことではない。しかし、動物機械説が人間と動物の間に線引きをして、動物を同類から排除したことが、どのような結果を招いたかを考えると、植物や、ひいて無機物をも同類とみなそうとする思想を、全くおかしいとして排除することが適当とは思えない。

日本人が、本当に環境に優しく、自然を大切にしてきたかというと、そうは言えない。自然の開発は当然自然の破壊を伴うが、それは近代に始まったことではない。ただその中で、それを反省し、考え直そうとする思想が育まれてきたこともまた事実である。本書では、その問題を草木成仏という観点から検討してきた。中でも、この問題を最初に取り上げた安然について、関連する著作を読み込み、その思想を分析してみた。

もう一度それを振り返ってみよう。草木成仏論のもととなる無情成仏論はすでに中国でも論じられているが、その主流は有情が覚りを開くときに、環境（依報）である無情もまた覚りの世界となるという意味で、あくまで有情に依存するものであった。ところが安然は、当時の日本の天台の議論を受けて、『斟定草木成仏私記』において、草木が自ら発心・修行・成仏するという草木自成仏説を主張した。ただし、同書においては、それが十分に論証されるに至らなかった。『教時問答』を経て、『菩提心義抄』において、随縁真如の思想が展開され、それによってはじめて有情と無情は同じ根源的な真如に由来するものとして同等視されることが可能になった。

安然以後、本覚思想などで草木成仏思想がさらに展開されるが、根本の問題は、はたして有情と無情が同等化されるのか、それとも無情の草木は有情の主体性に依存するものと見るか、という点に集約される。両者が同等視されるのは、確かに無情の草木の独自性を認めることにはなるが、他方で自然に対する人間の責任を曖昧化する面が生ずる。無情の有情化とは、逆に言えば、有情の無情化でもあり、有情である人間もまた、無情である草木のように、あるがままに任せればよいという無責任に陥る可能性を秘めている。その点で、有情の主体性を重視する立場もまた、考慮する必要がある。

ところで、有情と無情を同等視するということは、ただちに無情をすべて理解可能なものと考えることにはならない。むしろ逆である。人間であっても、了解可能な公共性を持つのはごく限られた面に過ぎず、多くの部分は了解不可能な他者性を持っている。それと同様に、自然もまた、科学によって解明され、理解できるのはそのごく一部分に過ぎない。その大部分は了解不可能な他者の領域に属し、どんなに科学が発展しても解明しつくされることはあり得ない。巨大な堤防を築けば、どんな津波でも防げるなどと考えるのは間違っているし、原子力を制御できるなどというのは傲慢以外の何ものでもない。自然は一方で人間に限りなく優しいが、他方でそれは恐ろしい他者でもある。

そのような他者領域の根底に深まっていくとき、安然が「真如」と呼んだものが次第に明らかになっていく。それは万物が生成し、帰滅していくところではあるが、実体的に何かがあるわけではない。それは他者の他者性の根源ともいうことができ、ヒンドゥー教のヴィシュヌ神の持つ両義性とも比せられる。

そんな根源を考えるのはばかばかしいことだと思われるかもしれない。だが、それは外なる自然の根源だけではない。まさしく同質的である私たち自身の根源でもある。自然の奥底を探ることは、そのまま私自身の根源に遡ることでもある。自然と同じように、私もまた得体が知れない。その得体の知れなさに接近していくとき、そこに見えざる世界が次第に顕わになってくる。

宗教とは、ある意味では徹底的にナンセンスである。カトリックのミサは、司祭の聖別により、葡萄酒とパンがキリストの血と肉に変わり、それを信者に授けるところに成り立つ。それは決して単なる譬喩や象徴ではなく、実際に変化するのであり、それを認めない限り、信仰が成り立たない。見た目には何も変わらないのだから、そんな変化があるはずがないと言ってしまえば、それまでである。同じように、神仏にしても、誰もその存在を証明できないし、もっと言えば、死者と関わるなどといっても、科学的に見れば、ナンセンスに過ぎないであろう。すべて迷信として否定してしまうこともできるかもしれない。だがそれは、動物は機械に過ぎないと断定してしまうのと同じような危険をはらんでいないだろうか。一見ナンセンスでも、それが二千年も続いてきたものであるならば、そこには深い叡智の蓄積があると考えるべきではないだろうか。

草木成仏というと、庭の草木がきれいだ、ハイキングに行った山がすばらしい、何と日本は自然に恵まれた美しい国か、というようなことを、えらい坊さんが有難くお説教してくださることのように思われがちだ。そんなことを期待して本書を読まれた方にはお気の毒だ（多分、そんな方はここまで読み通せていないだろうが）。それとは全然違って、しちめんどうくさい議論が続き、とんでもないところに話が進んできた。

だが、災害が打ち続き、文明そのものが危機に瀕した今日、私たちは単に表面だけ見てその場次第の判断をするのではなく、常に根源に遡り、総体的な世界観の中で、自然を考え、そして人間を考えていかなければならない。本書は、安然というすっかり忘れ去られた大思想家の思索の跡をたどることで、その一端に迫ろうとした。九世紀という遠い過去に、日本にもこのように徹底した思索を展開した思想家がいたことは、驚くべきことだ。私たちが過去に学ばなければならないことは、まだまだあまりに多過ぎる。

# 付　現代語訳『斟定草木成仏私記』

付録として安然『斟定草木成仏私記』の現代語訳を提供する。第1章に述べたように、原典を読むことこそいちばん大事である。ただし、本書は必ずしも読みやすいテクストではなく、解釈に苦しむところもある。議論が込み入って分かりにくいところはとばして、安然自身の主張（コメント）を中心に、全体の流れをつかんでいただきたい。

本文は、拙著『平安初期仏教思想史』に収録した私自身の校訂テクストに基づき、同書に収めた現代語訳を全面的に修訂し、できるだけ分かりやすく訳し直した。ただし、引用の出典等の注記は、煩わしいのですべて前掲拙著に譲ることにした。原典はずらずらと続いていて、どこで区切ればよいのか分からないので、適宜章分け、段落分けを行った。なお、〔 〕内は訳に相当する原語、（ ）内は原文にない言葉を補ったり、注を加えた箇所である。

# 〔1〕諸宗の説を論ず

## 〔1・1〕天台宗の説

①古人の問。心のない草木は成仏するか、それとも成仏しないか。

古人の答。成仏する。

②問。自らを依りどころとする心〔自依心〕によって成仏するのか、他を依りどころとする心〔他依心〕によって成仏するのか。もし自らを依りどころとする心によって成仏すると言うならば、草木などは六波羅蜜（菩薩の修する布施・持戒・忍辱・精進・禅定・智慧の六つの徳目）などのあらゆる行を行じて成仏するはずである。もし他を依りどころとする心によって成仏すると言うならば、法相宗の、心が変化（して外界を）作り出すのだから、草木はそのまま心であるという説に同じである。

答。自らを依りどころとする心とか他を依りどころとする心とかは（天台の四教のうち）別教の説である。この説から見るときには主体と客体〔能所〕（の区別）がある。いま（天台の四教の最高の）円教の考えでは、草木がそのまま心〔草木即心〕であり、全く主体と客体（の区別）がない。心の外には存在するものがないから、物質と心が不二〔色心不二〕であり、それ故草木が成仏するのである。

③問。いま草木を見ると、それには心がないのに、どうして「そのまま心である」と言うのか。
　答。肉眼によるから、草木であると見、また心がないと見る。仏の眼〔仏眼〕によるから、草木がそのまま心であり、そのまま存在の本性〔法性〕である。
④問。どうして草木がそのまま心であると知ることができるのか。
　答。『華厳（経）』に言う、「（欲界・色界・無色界の）三界はただ一つの心である」〔三界唯一心〕。『大品（般若経）』に言う、「わずかの物質もわずかの香りも中道でないものはない〔一色一香無非中道〕」。『法華（経）』に言う、「（仏が三界を見るのは）三界（にいるもの）が三界を見る通りではない。その通りでもなければ、異なっているのでもない」などとあることから、そうだと知られる。
⑤問。もし草木に心があると言うのならば、第一に、直接知覚〔現量〕に反する。（即ち）草木は折るときに苦痛がないからである。第二に、聖なる経典〔聖教〕に反する。（即ち）『大（般涅槃）経』に言う、「非仏性とは、いわゆる墻壁瓦礫などの無情のものである」。
　答。草木と見るのは、凡夫の執われた見方である。また、その『大（般涅槃）経』の文は別教の説である。いま（円教の立場では）、その非仏性はそのまま仏性であるから、矛盾はない。
⑥問。どうして知ることができるか。
　答。そこ（『大般涅槃経』）では非仏性を結論付けて、「この全世界において、虚空でないものを虚空に対立させるのではない（対立を超えている）」と言っている。

天親の『仏性論』に言う、「仏性とは、自我と存在に関する二つの空〔人法二空〕によって顕わされる真如である」。梁（真諦訳）の『摂（大乗）論』に言う、「真如には内も外もないが、内と外を離れることがない。それ故、内にあるのを仏性と言い、外にあるのを法性と名付ける」。それ故、そうであると知ることができる。

⑦問。草木は成仏してやはり（自ら覚り、他を覚らせ、覚りが完全になるという）三つの覚を具え、また、仏の三十二の身体的特徴〔三十二相〕を具えて成仏するのか。

答。そうではない。

⑧問。もしそうならば、どのように成仏するのか。

答。草木はただ一つの心であり、二（なる区別）がない。水と波のようなもので、二つでなく、区別がない。それ故、草木はそのまま心であるから成仏するというのである。

⑨問。草木は三十二相を具えずに成仏するのならば、ただ仏の（依りどころとなる）環境〔依報〕になるというべきで、成仏とは言うことができない。

答。これは環境であり、これは主体〔正報〕であると（区別するの）は、別教の説である。いま円教の意では、環境も主体も一つの心であり、区別がない。水と波のようなものである。それ故、草木はただ一つの心であるから成仏すると言うのである。

⑩問。どうして知ることができるのか。

答。『華厳』『大品』『法華』などの文を、詳しくは前に引いた通りである。〈以上、天台の人の

問答である。〉

①いまコメント〔斟定〕して言う。九重の答の中で、二節を検討すべきである。何とならば、荊渓（湛然）の無情仏性の十の意味の中に言う、

第一に、仏身という点から論ずる。仏性というのは（法身・報身・応身の）三身を具えているはずだ。応身の本性だけがあるというべきでない。もし三身を具えているならば、法身が遍満していることを認めることになる。どうして無情のものを差別することがあろうか。

第二に、本体という点から言う。三身は相即してしばらくも離れることがない。法身が一切処に遍満することを認めるならば、報身・応身も常に法身を離れることがない。まして法身のところには（報・応の）二身が常に存在している。それ故、三身が一切存在に遍満していることが分かる。どうして法身だけであろうか。法身が遍満しているならば、やはり三身を具えているはずである。どうして法身だけということがあろうか。

いまこの文に従うならば、無情の草木が三身を具えている以上、三身には自ら覚り、他を覚らせ、覚りが完全になるという意味を具えている。どうして（第七の）答の中に「草木は成仏するが三つの覚を具えていない」と言うのか。

②また、（湛然の）『金錍論（こんぺいろん）』に言う、

（『大般涅槃経』の）迦葉品の下の文に、「仏性とは、（仏のさまざまな力や特性である）いわゆる十力・（四）無畏・（十八）不共法・大悲・三念処・三十二相・八十種好である」と言う。もしこれは（仏となった）結果の徳性であり、衆生にこの仏果に至る本性があると言うならば、仏果の本性である仏身や仏土がどうして瓦石などにわたらないことがあろうか。わずかの塵もわずかの心も（仏の）三身や三徳の本性・種子でないものはない。もしただ仏果たる法身の本性のみがあると言うならば、どうして『経』に「十力・（四）無畏……相好」と言うのか。

明曠の注釈に言う、

（仏の）相好などはみな仏性であり、いずれも報身・応身に通じ、みな（仏の）因果に通じる。

いまこの文に従うに、瓦石に（仏の）相好がある以上、仏果の本性はすべて（仏の）因果に共通である。どうして（第七の）答の中に「草木は成仏するが、相好を具えていない」と言うのか。

## 〔1・2〕華厳宗の説

①旧人の問。非情の草木もみな成仏するのか。

答。する。

②問。この説について、どのような見方があるのか。

答。二つの見方がある。第一に存在の本性が（万物に）融合貫通しているという見方〔法性融通門〕。第二に、縁起によってあい寄り合っている見方〔縁起相由門〕である。

③問。二つの見方はどういう意味であるか。

答。はじめに、法性が（万物に）融合貫通しているという見方とは、法性の理法は一切の草木の類にも通じている。（万物が現われる）もととなる理法は草木にも通じているから、その本性の（現われた）事象である草木などの類は、みなすべて成仏するというのである。次に、縁起によってあい寄り合っている見方とは、有情の成仏は縁がなければ成仏せず、必ず因縁によってはじめて成仏する（から草木も成仏する）というのである。

④問。その成仏の説はまだはっきりしない。どう理解したらよいのか。

答。これに二つの意味がある。第一に、同一化する主体〔能同〕という意味であり、第二に、同一化される客体〔所同〕という意味である。同一化する主体というのは如来であり、同一化される客体というのは草木である。

⑤問。それはどういうことか。
　答。そもそも一人の有情が修行して成仏すると、〔仏の〕十の力が具わる。それ故、『〔華厳〕経』に「国土と等しい身、衆生と等しい身」などと言っている。〔華厳宗の大成者〕法蔵（ほうぞう）師が言うには、「『等しい』というのは、同じということであり、通じるということである」。「衆生に同じ、国土に同じ」という以上、それ故、〔国土も〕仏と称しても構わない。
⑥大僧都（だいそうず）〔誰か不明〕の問。〔同一化する〕主体と〔同一化される〕客体の二つの仏というならば、どうして〔環境世界〔器世間〕、衆生の世界〔衆生世間〕、覚りの知恵を得た世界〔智正覚世間〕の〕三種の世間が円融して成仏するのか。
　答。主体と客体の区別はあるが、仏という点では同じである。
⑦問。草木は同一化する主体である仏に随って成仏するというならば、同一化する主体の仏が変作した草木であるのか、それとも衆生が変作した草木であるのか。
　答。法性が〔万物に〕融合貫通しているから、〔また〕縁起によってあい寄り合っているから、〔仏と衆生の〕二種の変作したものはみな仏である。
⑧問。かの有情が変作した草木が成仏するならば、変作する主体である有情と二つながら成仏するのか。
　答。変作した草木が成仏するという以上、変作する主体である有情がどうして成仏しないことがあろうか。〈以上、華厳の旧人の問答〉

いまコメントして言う。

①八重の答の中の二節について検討すべきである。何故かと言うと、馬鳴の『（大乗）起信論』に「真如の浄らかな心に、染と浄（のあり方）が染み付く〔薫習〕から、染と浄とが縁起し、識とその対象になる」と言っている。いま道理を求めていくと、草木の浄らかな心がまたかえって清浄な薫習をなして、自ら発心し成仏するはずだ。唯心の存在であるからであり、浄らかな心の本体であるからである。どうして（④以下の）答の中で、「仏が同一化する主体であるから草木が成仏する」と言って、草木も同じく（主体として）成仏すると言わないのか。

②また、天親の『十地論』に六種の特性から見た円融〔六相円融〕の文がある。いま道理を尋ねると、草木も発心し成仏するはずである。六種の特性が円融しているから、（また）縁起という観点から（衆生と）同じであるから。どうして答の中に「如来が主体として草木を同一化し、それを成仏させる」と言って、草木もまた（主体として）如来を同一化して、自ら単独で発心すると言わないのか。

## 〔1・3〕三論宗の説

昔の人の問。一切の物質的存在はみな仏果に至るであろうか。

ある人の答。『三乗信数』上巻に言う、

摂論師が言う。本来、物質と心の二つの本性はないから、智の本性はそのまま物質であり、物質の本性はそのまま智である。それ故、常住の仏には障碍のない（身体としての）物質がある。この物質があるから、もろもろの色や形を現わすことができ、また、真実の世界〔法界〕から展開してさまざまな教えを顕わし教化することができる。それ故、一切の色や形を現わすことができ、また善を修めた因に対して、障碍のない物質を得るのである。それ故、『（大般涅槃）経』に、「無常の物質において永遠の物質を獲得する。受（感受）・想（表象）・行（意志）・識（意識）（の精神作用）についても同様である」と言っている。この受・想・行・識というのは、真理にかなった智〔如智〕である。物質というのは、永遠の物質である。

三論師が言う。（覚りの）境地という面〔境界門〕では、もろもろの物質や心は因縁によって成立しているから、物質も心もみな成仏することができる。もし次第に捨ててゆく面〔漸捨門〕について言えば、ただ心は修習する本性のものであるから、修習していって仏となる。次第に物質を捨ててゆき、永遠になくなってしまうから、（物質は）全く摩滅するばかりで、仏果に至ることはない。それ故、仏果において、ただあらゆる徳が明らかになったことを物質と名付けるのである。応身の浄土の物質などは、（仏の）因のときの慈悲の力の報いとして得るのであるから、機縁に応じて現われることができる。経に「無常の物質を捨てて永遠なる物質を獲得する」とあるのは、これもまた永遠の仏土にあらゆる徳が明らかになった物質のことを

言っているのである。〈以上、三論師の説〉

①いまコメントする。『中論』に言う、

空ということがあるから、一切存在は成立しうる。もし空ということがなければ、一切存在は成立しない。因縁によって生じた存在を、私はそのまま空であると説く。また、仮りに名付けたものと名付け、また（それが）中道ということである。

もしそうであるならば、縁によって生ずる物質と心はともに空（くう）・仮（け）・中（ちゅう）（の三つの真理）である。成仏するならば、（物質も心も）ともに成仏し、成仏しないときも同様である。どうして心は成仏することができ、物質だけは摩滅して仏果に至ることがないのであろうか。

②『大品（だいぼん）（般若経）』にまた言う、

一切存在は物質を依りどころとして、この依りどころを超えることがない。受・想・行・識も同様である。

龍樹も言う、

**一切存在は身体という観察の対象〔念処〕を依りどころとし、ただ一つの物質という本性だけである。**

もしそうであれば、一切存在はみな物質であるから、（それが）摩滅するばかりならば、すべて成仏しないことになる。

③また『大（般涅槃）経』に、「仏性はあらゆるところにある」と言っている。（そこから）推論〔比量〕される。

**一切の物質はみな仏となるはずだ。（結論）**

**あらゆるところにある仏性に摂められるから。（理由）**

**心の存在などと同様である。（例喩）**

④また、あなたの論では、真如は縁に従って一切存在へと変化する。一切存在は源に還ると浄らかな心である。詳しくは『起信論』の通り。物質的存在もやはり真如から生じているのであるから、どうして源に還らないことがあろうか。

## 〔2〕唐決をめぐって

### 〔2・1〕円澄疑問・広修答

日本の承和年中（八三四－八四八）に叡山の第二座主（円）澄大和上が三十条の問を作って大唐国に送った。その第二十問に言う、

『摩訶止観』第一に円頓観を明らかにする文に言う、「円頓（止観）ははじめから真実のすがた〔実相〕を対象とする。対象に至ればそのまま中（道）であり、真実でないものがない。対象を取るのも法界、わずかの思念も法界であり、わずかの物質もわずかの香りも中道でないものがない」。

（湛然の）『輔行記』に言う、「天台の教えで明らかにする中道にはただ二つの意味がある。第一に、断滅説〔断見〕と永遠説〔常見〕を離れることで、前の（蔵・通）二教に属する。第二に、仏性であり、後の（別・円）二教に属する。教えに方便と真実を分けるから、相即の立場〔即〕と分離の立場〔離〕がある。いま相即の立場に従うから、物質も香りも中道でないものはない。世間の人はみな無情だと思っている。しかし、物質や香りは中道だと誰もが認めても、無情にも仏性があるという説には耳を惑わし、心を驚かす。いましばら

く十の意味によってこのことを評釈し、（人々が）理法について惑わないようにする。その他のことはこれを例として知りなさい。第一に、仏身という点から論ずる。仏性というのは（法身・報身・応身の）三身を具えているはずだ。応身の本性だけがあるというべきでない。もし三身を具えているならば、法身が遍満することを認めることになる。どうして無情を差別することがあろうか。第二に、本体という点からいう。三身は相即してしばらくも離れることがない」。

法身が一切処に遍満することを認めるならば、報身・応身も常に法身を離れることがない。ましてや法身のところには（報・応の）二身が常に存在している。それ故、三身が一切存在に遍満していることが分かる。どうして法身だけということがあろうか。

法身がもし（一切存在に）遍満しているならば、三身を具えていることになる。本性が一切存在に遍満しているのであれば、どうして有情の身において認識作用があり、非情において認識作用がないのか。

また、もし有情が発心・修行・成仏するならば、無情もまた発心・修行・成仏するはずだ。どうしてそうでないのか。

また、もし有情を殺害すれば罪を得るのであれば、非情（の木）などを伐っても重罪に当るはずである。どうしてそうでないのか。このことはどうであるか。

唐開成年中（八三六－八四〇）に天台山仏隴禅林寺の広修和上がこの問を解決した。

『輔行記』の中に、すでに引用解釈している。「仏性は三身を具えており、応身の本性だけあると言ってはならない。もし三身を具えているならば、法身が遍満するのを認めることになるから、どうして無情を差別することがあろうか。第二に、本体という点から言う。三身が相即して、決して離れることがない。もし法身が一切に遍満していると言うならば、仏性も非情を包括している」。

中国にある人が言っている、「青々とした竹はすべて法身であり、鬱蒼とした黄色い（菊）華はすべて般若である」。

先賢の教えは虚偽でない。理法も事象も具わっているからこの説があるのである。円教は真実のすがた〔実相〕を対象としている。対象に至るとそのまま中（道）であり、真実でないものがない。それ故、対象を取るのも法界、わずかの思念も法界である。どうして（法界を）離れることがあろうか。何故か。完全な本体〔円体〕を具えているからである。有情・無情を区別することもない。同一の法体であるから。もし無情を区別するならば、法界は偏りがあって、円とは言えない。

いま（あなたが）疑うに、「有情に発心・修行・成仏ということがあり、無情にはないということは、そうではない。無情もまた発心・修行・成仏する。何故かと言うと、有情が成仏するのに随うからであり、一つのものが成仏すれば、一切が成仏するのである。どうして無情を区別しようか。もし無情が発心・修行せず、成仏しないと言うならば、有情もまた発心・修行せず、成仏しないことになる。何故かと言うと、倶に発心・修行しないからである。一つのものが発心すれば、一切が発心する。本体は離れていないからである」。

いま説くに、ただ（有情も非情も）一体ということに求めるべきで、外に求めてはいけない。外に求めると（真理から）遠ざかる。身体という点から見ると分かりやすい。人の身体の場合は、当然有情でもあり、無情でもある。それ以上どうして外に求めることがあろうか。何故かと言うと、重ねて事象という点から解釈すると、有情は無情となることができ、無情は有情となることができる。有情と無情とは互いに有無（が対応する）からである。（地・水・火・風の）四要素〔四大〕が身体を構成する主体であり、身体は四要素から構成されているようなものである。身体は有情であり、四要素は無情である。即ち、この身体は全く有情であり、この身体は全く無情である。この身体が発心・成仏すれば、四要素もまた同じく発心・修行して成仏できるのである。これは有情も無情もともに発心してともに成仏するということである。それ故、「一つのものが発心すれば、一切が発心し、一つのものが成仏すれば、一切が成仏する」と言うのである。それなのにどうして無情は成仏しないと疑うのか。またどうして殺しても罪を得ないとか、どちらが軽罪で、どちらが重罪かとか疑うのか。いまもしこの有情と無情を殺せば、ともに重罪であり、ともに軽罪である。このことは前に説いた通りである。

それ故、『浄名（経）』に、「この身は知ることがない点で、草木や瓦礫のようなものだ」と言っているが、全く無情ではないか。草木や瓦礫と同じと言っても、（色・受・想・行・識の）五蘊によって保持されているのだから、有情である。内なる身体がそうである以上、外なる対象世界もすべてそうである。それ故、如来が修行によって成仏した身体に対して、一切の無情の草木もいたるところすべてで、みな頭を傾けて礼をなす。いままず先に内の無情を教化して成仏させると、外の無情は（その）依りどころであるから、依りどころという点から、（因縁によって）形成された〔有為〕無情もすべて同様に成仏するのである。

『（輔行）記』に、「法身は常に遍満している。法身は単独ではなく、常に報身・応身を離れることがない」と言っている。報身・応身も単独ではなく、その根本を持っているはずだ。根本の法身が一切存在を具有しているならば、報身・応身も一切存在を具有していることが明らかである。一切存在を具有しているから、それ故、無情を区別しない。先に説いた通りである。

どうして重罪を得ないのかというと、ちょうど金銭のようなものである。本体は無情であるが、それを盗んで、五（銭）までになると、教団追放の罪〔波羅夷〕に当る。これは有情ということではないか。また、有情を主となす点から見て、（重罪を）犯すことになるのである。これは有情・無情を合わせてこの罪があるということではないか。また、身体と（地・水・火・風の）四要素のようなものである。四要素が合成して（身体を作って）いるからであり、殺戒も同様である。有情と無情が合成されているから、殺せば重罪を得ることになる。死体を切断しても殺罪とならない。（死体は）有情であっても重罪を犯さないことになる。その道理はこのようなものである。智慧ある者はよく考えなさい。阿弥陀の仏土の水鳥や樹林がみな説法できるのは、上に解釈した通りである。まさしく一樹一石が必ずや成仏して説法するということを求めてはいけない。〈以上、解決の文〉

いま、コメントする。

①和上の答はどうして（わざわざ改めて）言う必要があろうか。迷える凡夫の考えとは異なるが、ただ仰いで信じなさい。ただ、（広修の）解決のうち、二節の考えは荊渓（湛然）の論と合っているかどうか定め難い。何故かと言うと、『金錍論』に言う。

私が言う。あなたはどうしてまだ無情という名を残しているのか。

客が言う。重ねて（私の）はじめの迷っている見解を述べたのであり、いまはほぼあなたの立てる理法を知りました。（それは）一々の有情の心の本性が遍満して具わっており、（仏身・仏土の）因果に（増）減がないということです。『涅槃（経）疏』に、「衆生でないものを衆生に転換する」というのは、諸仏の神通力がここに永遠にはたらいているということです。

もしそうならば、どうして必ずしも（無情は）ただ有情に随って成仏するだけであろうか。それ故、内なる物質も外なる物質も同じように成仏することができる。

②『金錍論』にまた、「もし衆生にこの（仏としての）因果の本性があるならば、どうして瓦石に関しても成り立たないことがあるのか」「わずかの外界の対象もわずかの心も（仏の）三身や三徳の本性や種子でないものはない」と言う。もしそうならば、どうして必ずや一樹一石が成仏して説法することを求めないのか。

### 〔2・2〕円澄疑問・維蠲答

開成年中にまた天台座主維蠲（ゆいけん）和上が先の問に答えた。

（天台）大師の要決たるものは（心の中に空・仮・中の三諦を観ずる）一心三観である。一念の心が起こるときには、起こるけれども起こるという現象がない。徹底してただ空のみである。（過去・現在・未来の）三つの時間〔三際〕がひっそりと寂まり、認識不可能であり、見聞覚知のすがたがなく、眼耳鼻舌身意のすがたがないのは、空観である。

一念の心が起こると、（その中に）三千の世界の現象が含まれている。環境世界〔国土世間〕の一千は、山河大地日月星辰がそうである。五陰（ごおん）（色受想行識の五要素）からなる世界〔五陰世間〕の一千は、染浄の一切の物質や心がそうである。主体たる衆生の世界〔衆生世間〕の一千は、六道の凡夫と（声聞・縁覚・菩薩・仏の）四種の聖人の仮りの実質〔仮質〕がそうである。一念の心が起こると、三千の本性と現象も一時に起こる。一念の心が滅すると、三千の本性と現象も一時に滅する。一念の外にはわずかばかりの認識可能な対象存在もない。対象存在の外にはわずかばかりの認識可能な心もない。この心の本性は円満明朗で、一でありながら多であり、小でありながら大であり、染でありながら浄であり、因でありながら果であり、有でありながら無である。それ故、一々の物質、一々の香り、一々の思念に、わずかでも心があれば三千を具えている。一なるところに多を見、多なるところに一を見、一念が多劫であり、多劫が一念であり、重なり合って互いに現われるのは、天帝（たる帝釈天）の珠の繋がった網のようである。これは仮観である。

一念の心が起こると、起こっても起こることがなく、過去・現在・未来〔三際〕はひっそりと寂まっている。起こることがなくして起こるならば、三千の本性・現象を起こしても、空でもなければ、仮でもなく、空・仮の両方を照らし出す。これが中観である。

（言葉で）説明すると三つの名があるが、観照するときは三とか一とかいう理解をしない。ただ一念一念に自分の心の本性を見、自在に常に観察するのである。三でもなく一でもなく、身心を除去する必要もなければ、対象と観察とを定立する必要もない。思念も現象も断ぜられたとき、一切の時において自在に心は常に三観をなすのである。円満完全な機根がない人は、自分は凡夫で穢れており、自分は煩悩が多く、自分は智慧が劣り、自分は生死（を繰り返す）人だと思うが、（病気で）翳のある眼には（実際にはない）空中の花が見えても、実際には花はないのである。円満なる（機根の）人は、明らかに観察するから、どのようなことがらにおいても全く古えの仏と同じであり、部分的に同じだというのではない。何故かと言うと、法性の円満な理法は三徳も三身もただ一念であって、分けることができないからである。この円満な理法にもそれに次ぐ位はない。人は自在に常に観察することができないから、観察に断続がある。自我の本性がいまだ尽きていないから、六即四十二位（という修行の段階）を分ける。空を指さして教え導き、励んでやむことがないようにさせる。ある人は、凡夫にはただ仏の法身の本性のみあって、いまだ報身・化身のはたらきはないと思っている。これは別教における理解であって、円教の思想ではない。

　円教では惑（煩悩）・業（行為）・苦（行為の結果としての苦しみ）の三は本来本性がなく、全く（法身・解脱・涅槃の）三徳であると観察する。三徳は本来止住することがなく、惑・業・苦のうちに止住する。（仏の）三身と（地獄・畜生・餓鬼の）三道はすべて仮りの名であり、究極的な空においては、了得されない。捨てるべき悪もなく、覚るべき道もない。わずかばかりであっても依りどころとなるような理法を見るやいなや、迷妄の対象が心を引き生じさせ、（空・仮・中の）三観は明らかでなくなる。学人は貪欲（むさぼり）・瞋恚（いかり）・愚癡（おろかさ）を嫌悪して、意図的に断除しようとするが、じつにこの嫌悪の心自体が惑なのである。もしわずかでも覚が起これば、この起こったところを観察すれば、自ずから本性がなく、取捨すべきものはなく、三観は明らかである。もし特別に（煩悩を）対処しようとして、特別に真如・実相の理解をなし、特別に仏・菩薩の想念をなし、特別に身心が法界に遍満するという想念をめぐらすと、これらはいずれも円教の意図するところではなく、前の三教の心をはたらかせる人である。円教の人は思念を起こしながら思念がない。もし覚する主体と識られる対象が別であると思うならば、この心は心の本性ではない。心の本性とは三観において明らかにするところがそうである。三観が明らかであるとき、有情と無情、仏と我、あるいは罪悪とか福徳とかを見ることがない。（それらが）私の観察の内にあるのも、私の観察の外にあるのも、私の観察の（内外の）中間にあるのも、すべていけない。〈以上、（解）決の文〉

いまコメントする。和上の理解はさらにどうして（わざわざ改めて）言う必要があろうか。観察を明らかにした文を見て、観察された境地を知りなさい。ただし、日本の側の問の本意は、有情と無情とが観察の外にあるかということを問うたのではない。ただ、草木が自分だけで発心・修行・成仏するかどうかということを疑ったのである。ところが和上の答はこの問に対応していない。それ故、有情に円満な観察が起こることは理解できても、無情の草木も有情のように発心・修行して、このように観察するかどうかの疑いは解決できていない。

## 〔2・3〕徳円疑問・広修答、光定疑問・宗穎答

日本の承和年中に伝灯大徳徳円（とくえん）和上が十条の問を作り、修禅の雑問の中に加えた。その第九問。

**非情の草木が成仏するならば、有情の成仏に随うから非情もまた成仏するのか、非情自身が発心・成仏するのか。もし物質を心に収め取るから草木も成仏すると言うのであれば、法相の説と同じである。現象を収めて本性に帰着させるから草木も成仏すると言うのであれば、三論の説に同じである。このことはどうか。**

広修（こうしゅう）和上の答。

**第九に、非情の草木が自ら成仏・説法するかという疑問に対する答は、三十条の中の問で詳しく述べた通りである。〈以上、（解）決の文〉**

また、日本国の同じ年に内供（ないぐ）大徳光定（こうじょう）和上が六条の問を作って大唐国に送った。その第五問。

**即身成仏及び草木成仏について、もし証拠となる経論があれば、どうかその文を示してくだ**

さい。説を立てるのに、証拠の文があれば信じられるが、文がなければ信じられない。

巨唐の会昌五年（八四五）上都の右衛醴泉寺宗穎和上の答。

「説を立てるのに、依りどころがあれば信じるが、依りどころがなければ信じない」と言うならば、荊渓（湛然）が笑って、「愚者は文を固守し、智者は内実を求める」と言っている。草木成仏に証明する文があるかどうかは、毘陵（湛然）の作った『金錍論』に盛んにこの説を論じている。どうかこれを調べなさい。〈以上（解）決の文〉

いまコメントする。両和上の答はいまだ無心の草木が自ら発心するかどうかの疑いを解決することができていない。

## 〔3〕当今日本の議論

### 〔3・1〕貞観年中の論義

今日の日本の貞観年中（八五九－八七七）にある人が問うた。無心の草木は（正因・了因・縁因の）三仏性を具えているか。

十一年（八六九）十一月法華会の第五講師が答えた。具えている。

問。もし具えているならば、やはり発心・修行・成仏するのか。

答。否。

問。どうして衆生は三仏性を具えているから発心・成仏し、草木は三仏性を具えていても発心・成仏しないのか。

答。（その疑問は）通用しない。

一緒に聞いていた人の中で、ある人が私に論じた。無心の草木は（三仏性を）具えていないのに、どうして講師は具えていると言うのか。

ある人が論じた。無心の草木はみな三仏性を具えているのに、どうして上人は具えていないと言うのか。

また、先に貞観初年にある人が説を立てた。無心の草木も自ら発心・成仏する。

そこである人が言う。有情が成仏するのに随って無情も成仏する。環境と主体とは一体〔依正不二〕だからである。いま、無心（の草木）が自ら成仏するということは、そうではない。

そこで、この一条は不完全な答〔未判〕とされた。慈覚大師は、「立論は筋が通っている」と判定した。そこで合格〔得題〕に入れた。

いまコメントする。（草木が）成仏するかしないかの論があるが、いまだ明らかに草木が成仏するかどうかの具体的な展開がなされていない。論破する側も立論する側もそれぞれ考えはあっても言葉に出していない〔意許〕からである。

## 〔3・2〕ある人の問答

①当今のある人の問。草木成仏は環境と主体が不二であるから、主体が成仏するとき環境も成仏するのか。それとも物質と心が不二であるから、衆生が発心成仏すれば、草木も発心成仏するのか。

ある人の答。環境と主体が不二であるから、主体が成仏するとき、環境も成仏するのである。草木だけが発心・成仏するのではない。

②問。もし環境と主体が不二であることを認めるならば、どうして草木もまた発心・成仏することを認めないのか。

答。草木は心によって作られたもの〔心量〕であるから、心の中に収められる。ところが、それ（草木）には理法としての仏性〔理性〕がないから、自ら発心することがない。ただ内心の成仏に随うから、外なる対象も成仏するのである。

③問。どうして知ることができるのか。

答。伝教大師の『法華秀句』に言う、

問。もし理法としての仏性〔理性〕があるならば、実践的な仏性〔行性〕もある。無情の草木も理法としての仏性があるから、実践的な仏性もあるはずである。

答。無情の草木には理法としての仏性はない。それ故、『涅槃経』に、「非仏性とは墻壁や瓦礫のような無情のもののことである」と言っている。

問。もし草木に理法としての仏性がないならば、真如は普遍的でないことになる。

答。草木はただ心によって作られたものである。心の外には全くないから、理法としての仏性がないのである。心の外に真如があるわけではない。（心の外に）どこに遍満しようか。また、『摂（大乗）論』に言う。「内によって外が成仏することができる。これは内に熏習（影響を染みつかせるはたらき）があるということである。熏習があれば実践的な仏性もある。外には熏習がないから実践的な仏性もないのである」。また次に、真如には内外がないが、内外を離れない。内にあるのを仏性と名付け、外にあるのを仏性と名付けない。〈以上、『（法華）秀句』の文〉

ある『（法華）秀句』のテクストには、「外にあるのも仏性と名付ける」と言っている。「ない〔不〕」という字がないのは、脱落したものか。

④問。もしそうならば、真如が外の物質にあるときはどのように名付けるのか。

答。『大智度論』に言う、「真如が無情にあるときは法性と名付け、有情の内にあるときこそ仏性と名付けるのである」。

⑤問。もし無情にあるとき仏性と名付けないのであれば、『大（般涅槃）経』に、「仏性は内でもなく、外でもなく、一切の処にある」と言うのと相違する。また、荊渓（湛然）が、「物質も香りも中道であり、無情にも仏性がある」と言うのとも相違する。また、もし有情に実践的な仏性があり、無情にないならば、『弘決』に、「もし三身を具えていれば、法身が遍満していると認めることになる。どうして無情を区別することがあろうか」と言っているのにも相違する。

答。有情が円融の観法によって見るならば、無情なる草木は仏性でないものがない。それ故、無情にも仏性があると言うのである。これは有情が観法によって観察するときに、その本性があるはずなのであり、かの草木などが自らこの仏性を持っていると言うわけではない。この一説に準じて、その他の唯心などのことも理解しなさい。

⑥問。もしそうならば、環境や主体などに関して、どうして不二の説を立てるのか。

答。結果として（仏の）位にある有情の仏の眼によって観察すると、仏身と仏土とは不二である。（天台で立てる六段階のうちの最初の）理即（りそく）・名字（みょうじ）（即）・観行（かんぎょう）（即）においても部分的にこのことがある。それ故、環境と主体は不二であると言うのである。環境が主体になったり、主体が全く環境であると言うのではない。

⑦問。どうして知ることができるのか。

答。『(法華)秀句』に言う、「衆生の海のような集りは増しもせず、減りもしない。心のある衆生は心のないものとならず、心のないものは心のあるものとならない」。それ故、そうであると分かる。

⑧問。もしそうならば、ただ有情が成仏すると言うべきで、無情が成仏するとは言うべきでない。

答。『金錍論』に言う、「一人の仏が成仏すると、法界はこの仏の環境と主体でないものはない。一人の仏についてそうである以上、諸仏もすべてそうである」。また、『摂(大乗)論』に、「内によって外も成仏することができる」と。それ故、有情が成仏するとき、環境である国土もそれに随って成仏し、さらには、法界にこの仏の環境と主体でないものがないと知られる。

⑨問。どうして知ることができるのか。

答。『中陰経』に言う、「一人の仏が成道して法界を観察すると、草木も国土もすべて成仏する(一仏成道観見法界、草木国土悉皆成仏)。身長は(仏の身長である)一丈六尺で、光明が遍く照し、みな説法することができる。その仏はみな妙覚如来と名付ける」。それ故、そうだと分かる。

⑩問。もし草木が独自に発心・成仏すると言うならば、どのような過失があるのか。

答。第一に、『(摩訶)止観』に(次のように言うのに)相違する。「質多心は慮知する心である。汗栗多心は草木の心である。矣栗多心は精要を積聚した心である。そのうちで(発心する心として)質多心を取る」。

第二に、『弘決』に(次のように言うのに)相違する。

そもそも有情はみな発心する能力がある。それ故、積聚（の心）と草木（の心）のみを除外する。（この）二つは心と名付けるが、発心することがないからである。衆生は無始以来勝手な分別をしているが、この勝手な分別（をする心）がそのまま発心するものだと指示するからである。

また、『止観』に言う、「もし心がなければそれまでであるが、もし心があれば必ず三千（世間）を具えている」。『弘決』に言う、「ただ心のない存在と異なっていれば、三千（世間）が具わっている」。

第三に、『金錍論』に（次のように言うのに）相違する。

客が言う。私めはこれを聞いたばかりのとき、一つ一つの草や木や礫や塵が、それぞれが仏性、それぞれが（仏となる）因果（を具え）、縁（因仏性）や了（因仏性）を具えていると思った。もしそうならば、私めはじつに忍び難い。何故かと言うと、草木は生ずることもあれば、滅することもある。塵や礫は劫に随ってあったりなかったりする。ただ因を修して果を得ることができないだけでなく、仏性に生滅があることになる。世間ではみなこれらを無情であると考え、それ故に無情に仏性があるはずがないと言う。私めは誤って世間で伝えていることによってあなたの至高の理法を非難したが、甚だしい過失であった。

明曠が解釈する、「むかし、一一別に（仏となる）因を修して果を得、説法して人を救うと考えていた。ただ心のみがあり、心の外に存在はなく、存在の本体が円融して玄妙であるのを仏と名付けるということを明らかにしていなかった。それ故、誤っていた等というのである」。

それ故、心の外に存在はなく、存在の本体が玄妙であるのを仏と名付けるのである。草木が一一発心・成仏するというわけではない。

いまコメントする。十重の答のうちで、十節にわたってコメントしよう。

①日本の延暦の末年に、根本大師（最澄）が入唐したときの問、「唯識と唯心との同異や浅深はどうであるか」。

大唐の貞元年中に台州竜興寺極楽浄土院の天台座主道邃和尚の答、

唯心と唯識とはその意味は同じでない。唯識は対象を滅していないから、（また）唯心は心と対象が不二であるから。唯識は狭くかつ浅い。何故かと言うと、対象が存在するから。唯心は広くかつ深い。何故かと言うと、対象が存在しないから。

後に承和年中になって（円）澄大和上の第二十の問、

『輔行決』第二に言う、「『占察経』に言う、「観に二種ある。一は唯識で、一切唯心のことである。二は真実の観察〔実観〕で、真如を観察することである。唯識は事象を順次観察し、真如は理法を観察する」。いまの文の十界や（心のはたらきがまだ起こっていない状態、起ころうとする状態、起こっている状態、起ってしまった状態の）四運を観察することは、その意味は『占察（経）』の一切唯心に当る」。いまこの文に従うと、唯識と唯心とはその趣旨は全く同じで区別がない。いま、大唐の天台山道邃和上の解決では、「唯心と唯識とはその意味は同じでない」と言っており、詳しく解決の文を引いている。中略。（湛然と道邃の）二師の立てるところの趣旨はどうであるか。

開成年中に広修和上の答、

『輔行記』の中の解釈は（唯識と唯心が）別ということであって同じということではない。ただ恥かしいことに、文を調べてもはっきりしない。（『輔行』の）文に、「一は唯識で、一切唯心のことである。二は真実の観察で、真如を観察することである。唯識は事象を順次観察し、真如は理法を観察する」と言っている。これは、心は主人であり、識は心のはたらきだということである。はたらきであるから事象であり、主人であるから真理である。主人からはたらきを起こすから、一切唯心と言う。この二つの意味は従来区別があって一つではない。それ故、道邃和上が解釈して、「唯識というのは、対象を滅していないから。唯心というのは、心と対象が不二であるから」と言っている。即ち、その識と対象を滅して心に帰着させるから不二である。これが『輔行』でいう真如であり、心の主体〔心王〕と心のはたらき〔心所〕が内と外で合一するから、それ故不二というのである。もし対象を滅していないならば、もともと合一していない。合一していないときは、はっきりと二である。

唯識は狭くかつ浅いというのは、狭いというのは、心からはたらきを起こし、一つの心が一つの対象に対応するから、狭いのである。浅いというのは、対象を滅していないから、対象を残存させているから、浅いのである。唯心が広く深いというのは、この心の主体があらゆる機縁に対応して、一でもなく二でもないから、広いのである。この心が多くの対象を合一させて、同じく不二に帰着させ、不二の理法が根底にまで至りつくから深いのである。二師の解釈は実質上助け合っており、はっきりと別ものでない。どうか注意深く併せ見なさい。

同じ年、維蠲(ゆいけん)和上の答。

心・意・識の三は、本体は同じで、名称や現象は異なっている。もし（種子の）積集を心と名付け、思量することを意と名付け、（対象の）了別を識と名付けるならば、（それぞれ）六・

七・八識に対応させて名を得ているのである。もし「一切はただ心の造ったもので、心が生ずると種々の存在が生ずる」と言うならば、これは意と識を総合して心と名付けているのである。もし「識の本性は平等で、（七）識が（八識から）分かれて以来」と言うならば、これは心と意とを総合して識と名付けているのである。もし「意の思い図るところは及ばないところがない」と言うならば、これは心と識をならびに意と名付けているのである。もし「唯識の本性に帰依する。（これは）仏性である。仏性は永遠であり、心は無常である」と言うならば、これは識は深く、心は浅いということである。もし「心の本性は法性である。法性は真如であり、八識は波である」と言うならば、心は深く、識は浅いのである。この心・意・識の本性はいずれも真如の理法であり、現象はいずれも事象を判断する現象（としての識）〔分別事相〕である。識は浅く、心は深い。これは四種類の説法の仕方〔四悉檀〕により適宜に説くのであり、（いずれも）妨げない。

いま、文の意味を尋ねると、もし維躅和上の答に依ると、識と心には互いに浅深がある。いま（道）邃・広（修）両和上の答に従うと、唯識というのは唯識論宗の説である。それ故、その説に言う。第一は本性としての唯識〔性唯識〕で、真如などの諸々の因果を超えた〔無為〕存在を本体とする。第二は現象としての唯識〔相唯識〕で、因果によって作られた〔有為〕諸存在を本体とする。また、（唯識に）五種がある。第一に識の本性であるから、唯識とは真如などである。

第二に識の自性であるから、唯識とは八識である。第三に識の依りどころであるから、唯識とは（眼・耳・鼻・舌・身の）五つの感覚器官〔五根〕などである。第四に識の対象であるから、唯識とは（色・声・香・味・触・法の）六つの対象〔六塵〕等である。五に識の段階〔分位〕であるから、唯識とは、心でも物質でもない存在〔不相応行〕である。

そこで、玄奘三蔵が推論を立てて言う、「五に識の段階であるから、唯識とは、心でも物質でもない存在である。また、自他ともに承認する〔極成〕物質は眼識を離れないが、物質がただちに眼識だとは言わない」。

その（法相）宗の説では、有情の心は無情の対象を離れないから、「唯識は離れない」などと言う。（しかし、）心の全体がそのまま物質の全体というわけではない。それ故、いま解釈して、「唯識は対象を残存させる」と言うのである。唯心と言うのは、いまの止観の「三界はただ心のみであり、心の外に存在がない」ということである。

それ故、『金錍論』に問う、「心を観察すると、（その心は）対象であるのか。（観察する）主体（である心）と客体（である心）という名を得るのは、（両者の）同異はどうであるか。心を観察するとき、（観察する心とされる心は）一であるか、多であるか。一であったり多であったりする心と対象との同異はどうであるか」。

（明曠の『金剛錍私記』に）「一念の妙なる心に三千の（世間）を具えているのが対象であり、（その）三千を了別するのを観と名付ける。観と対象とはただ心のみであり、心には主体と客体がない。主体も客体もただ本性のみであるから、対象と観察とがどうして異なることがあろうか」。

それ故、（天台）宗の説では、心は全体として物質であり、物質は全体として心である。有情の心が物質を離れないから心と物質が不二だと言うのではない。それ故、いま解釈して（道邃は）「唯心とは心と対象が不二であり、対象を残存させないことだ」と言ったのである。

ところで、（第五の）答の中に、「有情は心によって観察するから、かの草木を心あるものとするのであり、草木が独自で心があるのではない」と言うのは、唯識で対象を残存させる説と同じで、全く唯心で対象を滅する説と異なっている。

②また、天台大師が（身・受・心・法という）円満なる（四つの）思念の対象〔念処〕を説いてから言う、

> 重ねてこの説を説こうとして、さらに天親（てんじん）の『唯識論』を引く。「ただ」というのは一つということである。識にはまた分別識（ふんべつしき）と無分別識（むふんべつしき）とがある。分別（識）というのは、認識としての識〔識識〕である。無分別（識）というのは対象の（実体ではなく）すがたを取る識〔似塵識〕である。一切の法界のあらゆる瓶・衣・車などはみな（対象の実体をもたない）無分別識である。三識を滅して三無性（さんむしょう）（相・生・勝義という三つの点から本性のないこと）となる。三無性の名は、対象を区別して立てる名称〔安立諦〕ではない。そこに詳しく説く通りである。

龍樹が言う。四つの思念の対象〔四念処〕は摩訶衍（大乗）であり、摩訶衍は四つの思念の対象である。一切存在は身体という思念の対象〔身念処〕に趣向する。これは一つの本性である。物質に分別の物質と無分別の物質がありうる。分別の物質というのは、光明は智慧であるというようなことがそうである。無分別の物質は、（地獄界から仏界に至る）十法界や（地水火風の）四大によって成り立っている物質が無分別の物質である。（これらは）等しく物質と心とが不二ということである。そこで（識について、無分別識と分別識の）二つの識の名をなすことができる以上、ここでも（物質について）二つの物質の説をなすのである。もし物質と心を対立させるならば、物質を離れて心はなく、心を離れて物質はない。もしこの分別の物質、無分別の物質の説をなすことができないならば、どうして分別の識、無分別の識を立てることができようか。

もし円満な立場から説くならば、物質だけ、音声だけ、香りだけ、味だけ、触覚対象だけ、識だけということもできる。もし併せて論ずるならば、一一の存在はみな法界を具えている。一切存在は等しい以上、般若も等しい。内に照らすことが等しい以上、外を教化することも等しい。即ち四つ（の思念の対象）は衆生の心につき従って難易がある。中略。物質であれ、識であれ、みな唯識である。物質であれ、識であれ、みな物質である。いま物質と心の二つの名を説くが、その実は一念である。

いま、文の意味を尋ねると、法界の諸存在は、もし円満な教説に従うならば、物質だけ、音声だけ、香りだけ、味だけ、触覚対象だけ、識だけである。そこで、推論する。

**草木は心がある。物質も識もみなただ識だけであるから。**
**衆生は心がない。物質も識もみな物質だけであるから。**

ところで、どうして（第五の）答の中で「衆生にはそれ自身に心があるが、草木はそれ自身に心がない」と言うのか。

③また、『止観義例』に言う、

**問。外の無情の物質は心と一緒でない。**どうして（法身・解脱・般若の）三徳を具えることができ、三徳がすべてのところに遍満すると言うのか。

答。どうしてただ外なる物質だけが心と一緒でないのか。内なる身体も草木瓦礫と同じである。もし（三）徳を具えているということを論ずるならば、ただ内なる心だけではない。心が変化するから、内なる心と外なる物質というのである。心に内と外がないから、物質にも内と外がなく、しかも内でありかつ外である。その心が浄いことに随って仏土も浄い。仏土が浄いことに随って智慧も浄い。物質と心が浄いから一切存在が浄い。一切存在が浄いから物質と心が浄い。どうして外の物質が心でないとだけ言うことができようか。それ故、(『摩訶止観』の)一切の執着を遍く破する章〔破法遍〕で、識を物質に対する例としている。(同書の)第七巻末に、「心であれ物質であれ、(一乗の)大きな乗り物でないものはない」と言っている。問。いま現に物質を見ると、青・黄・赤・白である。どうしてそれが真如法界であるのか。答。青などと言うのは執着によって見ているのである。法界というのは理法に従って説くのである。どうして凡情によって理法を非難するのか。いま観察するところは、凡情に反し、理法を観ずるのである。理法に反して凡情に順ってはならない。

いま文の意味するところを尋ねると、「青などのそのもの〔当体〕がそのまま三徳である」というのは、草木に理法としての仏性があるということである。「物質であれ心であれ、(一乗の)大きな乗り物でないものはない」というのは、草木に実践的な仏性があるということである。いまどうして(第三の)答の中に「草木に理法としての仏性と実践的な仏性の二つがない」と言うのか。

④また、『弘決』に、物質も香りも中道である(ことを説明する)中に言う、

法身(ほっしん)がすべてのところに遍満するのを認める以上、報身(ほうじん)や応身(おうじん)も法身を離れることは決してない。まして法身のところに(他の)二身が常にあるのであるから、三身も一切存在に遍満し

ていると知られる。

詳しくは前に引用した通り。わずかの塵もわずかの身体も三身・三徳の本性・種子でないものはない。それなのにどうして（第一の）答の中に「草木が発心成仏することがない」と言うのか。

⑤また『金錍論』に言う、

野客（やきゃく）は跪（ひざまず）いて言う、私めはむかし人が、『大智度論』に「真如が無情にある場合は法性（ほっしょう）と名付け、有情にあってこそ仏性と名付ける」とあるのを引用するのを聞いた。あなたはどうして頑固に（無情にも）仏性の名を立てるのか。私が言う。以前自分自身で論の文を詳しく読み、細かく検討したが、全くこの説はない。恐らくは誤って章疏の言葉を引いて、世間でずっと伝えてきたものか。

この文に従うと、「無情では法性と名付ける」という文は『大（智度）論』の文ではなく、天台の説ではない。無情にも仏性があるという説こそまさにいま立てるところである。それなのにいま、どうして（第四の）答に『（大）智（度）論』を引いて、「真如が無情にあるのを法性と名付け、有情にあるのを仏性と名付ける」と言うのか。

⑥また、『（法華）秀句』中巻に古今の仏性に関する争いを出すために、新旧の論争の文を引いて

いる。いま引くところの草木に理法としての仏性がなく、内によるために外（の無情）も成仏することができる等という（第三の）問答は、これは霊潤（れいじゅん）法師の一巻の章のうちの文であり、いまの（伝教）大師の問答の文ではない。

⑦しかもまだ読んでいない写本が多い。（第三答の引用で）多くは「外にあるのも仏性と名付ける」と、「ない」〔不〕の字がない。いま総じて本章にもまた「ない」の字がない。ところがある本に「ない」の字を加えたのは恐らくは後人が自分の説を助けるために書き加えたのである。どうしてこの文によって『金錍論』や『弘決』などの文に背いてよいものか。

また、（第七答に引く）『（法華）秀句』の上巻に、寂滅に入った二乗が無心とならないことを顕わすために、法界に全く無心の存在がないことを明らかにしている。何故かと言うと、（二乗が）寂滅に入ると主張する人は、本性的に二乗に定まった人は、無余（むよ）涅槃に入るとき、身体と智慧とを完全に滅し、無心の存在になると言う。（二乗が）寂滅に入らないと主張する人は、もしそうならば、有心の衆生が無心になるから、衆生の領域が減るということになると言う。そこで、いま解釈する。海のような衆生の集まりは増しもせず減りもしない。有心の衆生は無心とならず、無心の物は有心とならない。それ故、寂滅に入った二乗は滅して無為の存在となる。そうではあるが、（煩悩と業とその結果という）三つの残余があり、意より生ずる身体を起こす。これは全く最終的に無心のものがないことを明らかにしている。

『密厳（みつごん）経』上巻に言う、

涅槃がもし滅壊することならば、衆生にも終りがあることになる。衆生にもし終りがあれば、はじめもある。（それならば）生じることのない存在があって、（それが）はじめて衆生となるはずでおかしい。

この経文の意は、『（法華）秀句』の意と同じである。

再治した（灌頂の）『涅槃経疏』に、『経』の「非衆生を観じて衆生とする」という文を解釈して言う、

これを解釈するのに二つある。第一に、実際に対象を転換〔実転〕できる。第二にただ（そのように）見せることができる。もし金を転換して土とするならば、実際に転換するのである。もし衆生を非衆生にするならば、ただそのように見せるだけである。

一師が言う、『経』に「なることができる」と言っている。どうして二つの解釈があろうか。菩薩は金を転換して土にすることができるのみならず、衆生を転換して非衆生とするのである。非衆生というのは草木のことである。（また）非衆生を転換して衆生とする。もし衆生が本来虚妄であって、存在しないと言うならば、衆生にも非衆生（の性格）があるのである。もし一切存在に安楽の本性があると言うならば、非衆生も衆生ということである。有情と無情、仏性

があるものとないものについても、これに準じて分かるであろう。

私に問うには、もし衆生と非衆生とが実際に互いに転換し、有情が無情となり、無情が有情となるならば、このことは信じ難い。(逆に)もし実際に転換するのでなければ、聖人(たる仏)の力は空しくはたらくことになろう。総じて言えば、諸仏・菩薩は主体と環境とが不二であってしかも二、二であってしかも不二であるから、衆生をもまたそのようにすることができるのである。これは永遠に転換すること〔永転〕である。もししばらくの間転換する〔暫転〕と言うのであれば、このことも確かにある。また、転換されるもの自身には(自分が転換されたことが)覚知されない。まして、慈悲が如来であり、如来が慈悲である。慈悲が仏性であり、仏性が一切存在である。どうか後輩のみなさん、このことをよく考えなさい。

(道)暹の九巻の『(涅槃経疏私)記』の第五末に言う、

「ただ見せることができる」というのは、彼は「究極的に転ずるのではない。ただしばらくの間転じさせるのである」と言っているが、このような説はいまの経文に相違するので、用いてはならない。「一師が言う」というのは、(天台)大師の見解である。「衆生に非衆生(の性格)がある」というのは、じつに衆生の主体と環境とが不二であることによるのであり、それ故、相互に転換できる。すべて実際に転換することであり、これが定説である。「衆生をもまたそのようにすることができる」というのは、衆生が本来主体と環境が不二であってしかも二、二であってしかも不二であり、同一の涅槃であって（心・仏・衆生の）三が区別のないことを明らかにしている。それ故、転換させることができる。ところで、外道も身を変じて石として、劫の尽きるまでに至らせることができる。まして真実の涅槃を証得すれば、永遠に転換することがないであろうか。「自身には覚知されない」というのは、実際に衆生を転換して非衆生とするが、衆生はそのままで変化しない。非情を転じて有情にする場合も同様である。「まして慈悲が如来である」とは、（仏）果としてのあり方が無二であることを弁じている。「慈悲が仏性である」と言うのは、（仏）果の本性が全く衆生の主体にあることを明らかにしている。「仏性が一切存在である」とは、（仏）果の本性が全く環境であることを弁じている。

五巻の（行）満の『（涅槃経疏私）記』の第三巻末に言う、

「ただ見せることができる」とは、この師の意図は、衆生が見るのに適当ならば、仏が（彼に対して）現わすということである。「一師が言う」というのは、天台の伝承である。あるいは別の人の名を一師などとも言う。「もし一切存在に安楽の本性があるならば」、どうして瓦や石と衆生とを区別しようか。それ故、（瓦や石も）やはり衆生である。「このことは信じ難い」というのは、環境と主体が不二であることを理解していないのに、三身が遍満していると言い、みな無情を区別しているから信じ難いのである。「これは永遠に転ずるのである」とは、永遠というのは永遠でないということである。何故かと言うと、もし仏菩薩の環境と主体が二であってしかも不二であることを永遠と名付けるならば、衆生の虚妄なることは永遠でない。（ところが、）土沙と七宝（即ち、仏と衆生）とはどうして異なろうか。見かたが違うだけである。「仏性が一切存在である」とは、どうして有情と無情とを隔てようか。

『法華文句』に言う、

『観仏三昧（経）』に言う、光音天からこの地に生まれ、地に欲望があるようになった。海に入って不浄を洗うと、泥に堕ちて卵に変じた。八千歳経って一人の女性を生んだが、頭が千より一つ欠けており、二十四本の手があった。彼女が水と戯れると、水の精が身体に入り、八千歳経って一人の男性を生んだが、二十四の頭があり、千の手に一本足りなかった。

『（文句）記』に言う、

水の精が身に入るのは、あるいは有情であり、あるいは非情である。このことは（四つの生まれ方のうちで）湿気から生まれるのと同じで、母胎から生まれることを兼ねている。『阿含経』に言う通りである。ある女性が火のところで、暖かさが身に入って妊娠した。父が疑って（その）女性を責め、やがて王の耳に達した。王は女性を罪しようとしたが、女性が言うには、「何とこの無道の王が無罪の人を罪しようとしている。どうか王様、確かめてください」。王は無罪であることを知って、妃とした。詳しくは、『止観』第四の『記（弘決）』を見なさい。

いま文の意味するところを尋ねると、水や火の精が女性の身体に入って有情となったのである。これに二つの解釈がある。第一に、有情が水や火の精と一緒になって母胎に託生したのである。第二に、非情の水や火の精が有情となったのである。ところで、文に「非情である場合、湿気から生まれるのと同じことである」などとあるのは、非情が転じて有情となるとき、（胎生・卵生・湿生・化生の）四つの生まれ方を具えているから、それ故湿気から生まれるのと同じだと言ったのである。これは非情の四生が同化する主体〔能同〕であり、有情の四生が同化される対象〔所同〕である。（主体である）有情が非情の精と一緒になって、ただ湿気や母胎から生まれるから、「湿気から生まれるのと同じ」という意味だと、つじつまを合わせて解釈してはいけない。もし無理に解釈すると、上の文で「非情」と言ったのは無駄に言ったことになってしまう。

いま、文の意味するところを尋ねると、非情を転じて、実際に有情となすのである。しかも二つの文はみな「非情」と言っているのは、仮りに世間の執著に従ってそう呼んでいるのであり、その本性という点から論ずるならば、本来有情であり、『（法華）秀句』と意味は相違しない。

⑧また『大宝積経』二十七・法界体性無分別会に言う、

文殊は神通力によって悪魔〔魔波旬〕を如来の身に変え、身体の特徴はすべて具わり、師子座に坐って法界の本体を説かせた。文殊師利は言った、大徳舎利弗よ、すべての無心の草木や樹林が如来となって身体の特徴を具え、すべて説法できる。私は大徳舎利弗も知来の身となし、身体の特徴を具え、説法させることができる。そこで舎利弗を如来の身に変え、身体の特徴を具え、法界の本体を説かせ、また神通力を収めて、もとのすがたを取らせた。

『止観義例』に言う、

聖人が（神通力で）変化させて造ったものであり、衆生が心で見るところを変化させる。いずれも理法として具えているから、事象としてのはたらきがあるのである。

文の意図するところを尋ねると、変化させて造ったものであり、いずれも理法として具えている。それ故、非衆生を転じて衆生とし、衆生を転じて非衆生とする。いずれも理法としての仏性があるから、事象としてのはたらきがあるのである。かの唯識などでさえ、「教化されるものと一緒」と言って、同時に同じところで、諸仏がそれぞれ変化して、身体を取ったり、仏土となったりする。ましていま円教の意では、どうして〔第五答で、非情は〕必ずしも有情が観察をなすときを待って、はじめて心が遍満するところだと考えることがあろうか。

⑨また、〔第四答に関して〕『大乗止観〔法門〕』に言う、

問。何を手がかりにこの心（即ち、一心）を依りどころとして止観を修するのか。答。意識を手がかりにこの心を依りどころとして止観を修する。これはどういうことかと言うと、意識は名称と意味を知ることができるから、（教えを）説くのを聞いて理解するとき、本識（である阿梨耶識）に熏習して本性を理解する力を増す。長い間熏習するから、意識は（そのはたらきを）やめる。そのとき、本識は転じて無分別智（対立的な思惟を超えた絶対的な智慧）となり、また覚りの智慧〔証智〕と名付ける。それ故、『（大乗起信）論』に、本覚に依るから不覚があり、不覚に依るから妄心があると説いている。名称と意味を知ることができるのを、本覚と説くのである。それ故、始覚を得れば本覚と同じであり、真実には始（覚）と（本）覚の相違があるのではない。

いまこの文に従うと、第六意識は名称と意味を知って覚りに向かう心〔菩提心〕を起こすことができる。『摩訶止観』で慮知する心と考えるのは、この意味である。『大〔智度〕論』に、「心の真実のすがたを観察すれば、仏を観察する場合も同様である」と言っている。これは観察する

対象である浄心の本体であり、観察する主体の心ではない。ところで、『（摩訶）止観』に、「一念に三千（世間）の環境と主体とを具えている」と言い、『金錍論』に、「阿鼻（地獄）の環境と主体は全く最高の聖人（である仏）の自心に位置しており、毘盧（遮那）の仏身・仏土は凡夫の一念を超えることがない」と言っているのは（第六）意識のことである。

それ故、維蠲が言う、

　もし一切はただ心の造ったもので、心が生ずれば種々の存在が生ずると言うならば、これは現象について言っているのであり、思念の現象は必ずしも（本体である）浄らかな心ではない。そうではあるが、本体について言えば、思念の本体は全く浄らかな心の本体であるから、例えば（現象である）波の（ある）ところに（本体である）水（がある）と説くようなものである。

崇俊師は、「汗栗多は堅実の中心である」と言っている。いまこの説に従うならば、草木の中心の堅実なるところを汗栗多と名付ける。多くのものが積聚して精要のところを矣栗多と名付ける。心という名は同じであるが、どうして覚りへ向かう心を起こすこと（発心）が論じられようか。

ところが、『真言疏』に四つの文の不同がある。あるところには「（心の）さまざまなはたらきが積聚するのを汗栗多と名付ける」と言い、あるところには「真知の浄らかな心を汗栗多と名付ける」と言い、あるところには諸菩薩の心の真言を汙栗多と言い、あるところには、行者の胸に汙栗多心があり、赤色の肉の塊り（心臓）で八葉の蓮のようであり、妙法芬陀利（白蓮花）と名付けると言っている。これが菩提心である」。

いまこれらを調和解釈するに、堅実の中心がまさしく汙栗多の意味である。上記の四種の心はみなその意味がある。それ故、共通してそう呼んでも妨げない。

⑩また先に（第十答で）人の引いた『金錍論』の次の文に言う、

私が言う、「あなたはどうしてなお無情という名を残しているのですか」。客が言う、「私めは重ねてはじめの迷いの見解を述べたのですが、いままたほぼあなたの主張する理法を知りました。即ち、一一の有情の心は遍満しており、仏性も遍満しており、心は具わっており、仏性も具わっています。それは虚空のようなもので、互いに障碍がなく、互いに遍満しています。仏身・仏土の因果は増減することがありません。それ故、『法華（経）』に、「世間の現象的なすがたは永遠だ」と言っています。「世間」という言葉は、凡人と聖人の因果や主体と環境をすべて収め尽くしています。

いま文の意図を尋ねると、一一の草木をすべて一一の有情と名付け、もはや無情の名を残すことを認めていない。それ故、論の上の文の意味は（以下の通りである）、「私めがはじめに思っていたところでは、もし一一の草木にそれぞれ仏性があると言うならば、このような草木は世間では無心と考えている。現に草木を見るに、時に従って生滅し、心が遺ることがない。さらに一体いつ何ものを留めて因を修し、果を得るのであろうか」。

それ故、明曠が言う、

**むかし、一一の草木がそれぞれ別の因を修して（仏）果を得て、人を救うと考えていて、唯心ということが分かっていなかった。**

一一の有情が存在の本体を本来的に具えているのであり、これはただ一切の世間の有情も仏も木石もただ一心であることを認めている。それ故一一の有情がみな唯心という趣旨を具えているのであり、（一切の無情もじつは有情であるから）無心の物が因を修して果を得ることを認めているのではない。もしそうでなければ、『涅槃（経）疏』の中の、「もし一切存在に安楽の本性があると言うならば、衆生でもなく、衆生でもある。諸仏の聖なる力は永遠にはたらいている」という文はどのように矛盾なく解釈することができようか。

以上、コメントするところである。

## 〔3・3〕私的に方便して偽りの説を立てる

当今、またある人が問う。草木成仏とは、主体（たる衆生）を離れて別に環境（たる草木）はなく、主体が成仏するから、それに随って環境も成仏するのか。それとも無心の存在が有心となるから、草木自身が発心・成仏するのか。そこで私が現に草木を見ると、確かに無心の存在であるから、世の人も成仏を認めない。それ故、私的に方便を設けて、偽って説を立てる。

諸々の大乗経典の意味するところでは、衆生の業の力〔増上力〕によって、（諸人が）共通に造る業〔共造業〕で環境を感得する。もし主体がなければ、環境は何に随って生じようか。それ故、「環境は必ず主体に随って生ずる。主体のほかに別に環境はない。例えば、影が身に随って生じ、身のほかには別の影はないようなものである」と言うのである。これは、主体が迷うときは環境も迷い、主体が成仏するとき環境も成仏すると言うことである。例えば、身が曲れば影も曲り、身が真直ぐならば影も真直ぐであるようなものである。主体がないときはもともと環境もないと言う以上、さらにどういう説によって、無心の環境が有心の主体となると言うことができようか。無心の環境が有心とならない以上、さらにどうして草木が独自に発心・成仏すると言うことができようか。

①問。どうして有情の業の力が環境を感得すると知ることができるのか。

答。『華厳（経）』に言う、

十種の因縁によって、一切の世間は過去・現在・未来に成仏する。十種とは何か。即ち、如来の神通力の故に。存在はこのようなあり方をするものであるが故に。一切衆生の業の力の故に。一切の菩薩が一切智（である仏）に導かれる故に。一切衆生と諸菩薩が同じく善根を集める故に。一切菩薩の国土を浄める誓願の力の故に。一切の菩薩が不退の行と願とを成就する故に。一切の菩薩の清浄ですぐれた自らの願の力の故に。もし広く説くならば、無限数の世界がある。

偈に言う、

すべての国土の種子の中で　世界は不思議である
あるいは成立しあるいは壊れる　あるいはすでに壊れたものもある
例えば林の中の葉に　生ずるものもあり落ちるものもあるようなものである
このような国土の種子の中で　世界は成立したり壊れたりすることがある
例えば樹林に依って　種々の果実の区別があるようなものである
このように国土の種子に依って　種々の衆生が住する
例えば種子が相違すれば　果実が異なるようなものである
業の力が異なるから　衆生の国土も同じでない
例えばさまざまな画像が　画師の描いたものであるように
このように一切の国土は　心の画師が描いたものである

一一の国土の種子の中には　（世界が崩壊する）壊劫の終りの火災〔劫焼〕にも不思議である
その現象は壊れても　その（本質の）ところは永遠に堅固である
衆生の業の力で　多くの国土を生み出す

『倶舎論』に言う、

（四つの世界のサイクルのうちで）成劫の衆生の業の力によって世界は成立する。住劫の衆生の業の力によって世界は持続する。壊劫の衆生の業の力によって世界は崩壊する。


『大乗止観（法門）』に言う、「国土や瓦礫は衆生の共通の業によって造られたものである」。

『摩訶止観』に言う、「この三十種の世間はすべて心から造られたものである」。

『金錍論』に言う、

心が変じて（世界を）造るということはすべて大乗から出ている。小乗でも言うことがあるが、その理法はない。しかし、さまざまな立場でその名は同じであるが、意味は少し異なっている。環境は共通に造ったもので、主体は各自で造ったものだという説もある。主体は共通に造ったもので、環境は各自で造ったものだと言う説もある。衆生は迷っているから、自然にできたものとか、梵天の造ったものとか思い、あるいは造ってから有情と無情とがあると思う。それ故、造るという名は（いろいろな説に）通じるから、「心が変化する」と言うべきである。「変化する」と言うこともまた（諸説に）通じるから「本体として具えている」と言うべきである。無始以来、心の本体は本来遍満しているから、仏の本体が遍満していることは衆生の仏性が遍満していることによる。遍満に二種ある。第一に、寛く広々と遍満している。第二に、ただちに狭く遍満している。それ故、「造る」ということは（蔵・通・別・円の）四つに通じているが、「変化する」ということはただ円教と別教の後のほうの（上の）位とである。それ故、蔵教・通教は六（道）を造り、別教・円教は十（界）を造る。この六と十に大乗と小乗を総括し、教法はすっかり整備されるのである。観察や理解が異なるから、十と六とをそれぞれ二つに分ける。蔵教は六（道）の実質を見、通教は（六道の）無生なることを見る。別教の人は十（界）の前後生滅を見、円教は事象も理法も一念に具わっていると見る。

明曠が解釈する、

「心が造る」等というのは国土や沙礫が同じ業によって感得されるものであるから、「共通に造った」と言うのである。一一の物質的身体に美醜や聡明癡鈍の差別等の異なりがあるのを「各自で造った」と言うのである。「共通に造った主体」というのは、他者の主体という点から言うのである。共通の従僕等のようなものである。「各自で造った環境」とは、感得した田宅や眷属が人に従属するようなものである。「寛く広々と遍満している」と言うのは、理法としての本体が本来そのままで、終始無二であることである。「ただちに狭く遍満している」と言うのは、一念の真実のすがたが法界と同量であることである。

天親の『十地論』に言う、

「三界はただ一心で、心の外に別の存在はない」というのは、八識の変化したものであるから、心の外に別の存在がないと言うのである。

『成唯識』の説にも言う、

山河大地や草木などは、みな第八識の変化したものであるから、唯識と言うのである。

このような文に依れば、環境はみな主体に随って生ずることは明らかである。

②問。もし無心の草木が主体に随って生ずると言うならば、そうではあっても、彼もまた独自に発心・成仏するとして、このことにどのような過失があるのか。

答。広修の解決に言う、「有情の成仏に随うから、一が成仏するとき、一切が成仏する。内なる物質も外なる物質もみなすべてそうである。まさしく一本の樹、一つの石が必ず成仏して説法することを求めてはならない」。

明曠が言う、「野客はむかし、草木が一一別々に（仏となる）因を修して別々に果を得、説法して人を救うと考えていた。ただ心のみがあり、心の外に存在はなく、存在の本体が円融して玄妙であるのを仏と名付けるということを知らなかった。それ故、誤っていた等というのである」。

ここから、草木が別々に発心して成仏するということは、野客がむかし誤って思っていたことだと知られる。

③問。もしそうならば、どうして『金錍論』の次の文に、「一一の有情の心の本性が遍く具えているのであって、（仏）身・（仏）土の因果は増減することがない」と言うのか。また、どうして、『涅槃（経）疏』に、「もし一切存在に安楽の本性があると言うならば、非衆生もまた衆生である。諸仏の神聖な力で永遠に非情を転じて有情となすからである」等と言うのか。また、どうして『弘決』に、「法身が遍満することを認める以上、どうして無情を区別することがあろうか」と言っているのか。それ故、三身が一切存在に遍満することが知られるではないか。

答。衆生が業を造って浄らかな心に熏習するとき、真如が縁に随って六道に流転する。（絶対の）一心がこの世界に（仮りに）託するとき、五蘊が（それに）随って生ずる。（それを）衆生と名付ける。衆生がこの世界に託するとき、居住するところが随伴して生ずるのを環境と名付ける。例えば、果実が生ずるところには必ず（それを支える）房台があるようなものである。房台は本来果実を離れない。そのように骨肉は心でないが、心が託されたものであるから有情と名付ける。それ故、草木のような非情も有情の託するところであるから、有情と名付ける。例えば、五蘊が合わせ生ずるのを衆生と名付けるようなものである。衆生というのは仮りの名で、特別な心はないが、五蘊の心に随って有心と名付けるのである。それ故、無心の草木がそのとき有心であるということができる。有情の三身は無情にも通じている。この理法としての仏性に依って、事象のはたらきがある。それ故、諸仏の神通力は非情を転じて有情とするのである。ある場合は永遠に、ある場合は一時的に、すべて自在である。それ故、『（涅槃経）疏』の文に、「諸仏・菩薩は環境と主体が不二であり、二であって不二である。衆生をもこのようにさせることができる」と言っている。別に本性のままなる草木があって、一一がすべて発心・成仏するわけではない。

④問。環境という言葉は有情・非情に通じている。もし答の通りであるならば、環境としての有情は主人（である有情）に随って生滅するのか。

答。神聖な王が国を去ると、賢臣もそれに随って亡くなるというのは、そのことである。

⑤問。もしそうならば、有情が成仏するだけで、無情も成仏するとは言うべきでない。

答。もし唯心と言う点から見るならば、法界は心的存在のみあり、全く物質的存在はない。物質であれ、識であれ、すべて唯識だからである。もしただ物質だけという点から見ると、法界には物質的存在のみあり、心的存在は全くないことになる。ただ物質も識もみな物質だけだからである。それ故、『大品〈般若経〉』に、「一切存在は物質に趣向して、この趣向を超えることがない。中略。識などもまた同様である」と言う。それ故、心の本性こそが成仏するとも言うことができ、物質的存在こそが成仏するとも言うことができる。

⑥問。もしただ心のみという点から見ると、このことは法界は有心の存在のみあって、全く無心の存在がないということである。もしそうであるならば、どうして草木に現に慮知分別の心がなく、また言語挙動のはたらきがないのであろうか。

答。別教の立場で論ずれば、龍樹が、「一切存在は身体という思念の対象〔身念処〕に趣向する」と言っている。即ち、一つの物質の本性に分別の物質と無分別の物質がある。それ〈識〉に〈分別と無分別の〉二つの識という名を付けることができるのだから、これ〈物質〉もまた二つの物質という名を付けることができる。もしこの分別の物質と無分別の物質となすことができなければ、どうして〈識も〉分別識と無分別識となすことができようか。もし円教の立場で説くならば、ただ物質のみ、ただ音声のみ、ただ香りのみ、ただ味のみ、ただ触覚対象のみ、ただ識のみということもできる。それ故、ただ心のみという点から見ると、すべて心のみである。ただ物質のみという点から見ると、すべて物質のみと言うことができる。いま草木に慮知がないなどというのは、無分別の識、無分別の物質のみのことである。

⑦問。もし草木が無分別であるならば、どうして則天（そくてん）〈武〉后が庭園の花に命令して「明朝、上

園に遊びたい。急いで春の到来を告げなさい。花は夜でも咲きなさい。暁の風が吹くときを待ってはいけない」と言ったときに、園の花は命令を聞いて、一夜で咲いたのか。また、何故、婆羅門の弟子が戯れに波吒釐樹（パータラ）の花を嫁にして、遂に波吒釐補羅城（パータリプトラ）を立てたのか。

答。古今の人が同じく、「菩提樹神は主託神である。それ故、華厳では説法を聞く大衆〔同聞衆〕の中に、主樹林神、主山神、主河神等がいるのである」と言う。もしこの説に随うと、主託神の行為であり、草木自身に分別があるのではない。

⑧問。もしそうならば、環境が主体となり、主体が環境となると言わないのか。もし言わないならば、不二と言うことがどうして成立しようか。

答。（転）輪王の七宝に有情・非情がある。今日の君主にも臣民がいる。互いに環境となり、互いに主体となり、必ずこのことがある。どうして環境が主体となり、主体が環境となると言わないのか。

⑨問。いまの問の意図は、草木が人となり、人が草木となるのか、ということである。

答。奥州に現に石人馬などがある。むかしの人が石に変わったものである。唐国にも王が命令して人の夫婦を大路の左右に埋めさせたところ、後に二本の樹が生えて、根は別であるが枝は一つになって、連理樹と名付けたと言う。また、波吒釐（補羅）城の人はもともと波吒釐樹の枝・葉・花・果実が変化して人となったものである。そうであれば、有情の心が木石となり、木石の精髄が有情の心となると言うことができ、主託神に特別に草木の心があると言うべきではない。もしそうでなければ、（死体の場合を考えるに、）死体そのものに心があるはずだから、もし（死体を離れた）霊魂があると言うならば、（死体そのものにある心と死体を離れた霊魂の）二つの主体が鬼神に託されることになるから。

⑩問。もしわずかの塵、わずかの草が独自に成仏するのでなければ、どうして『金錍論』に、「わずかの塵もわずかの心もすべて三身・三徳の本性・種子でないものはない」と言うのか。

答。上に答えた通りである。主体にとっての環境であるから、環境と主体は不二である。心にとっての物質であるから、物質と心は不二である。ひいては、因にとっての果であるから、因と果は不二であり、本性にとっての修道であるから、本性と修行は不二である。しかも、環境と主体、物質と心、因と果、修行と本性はそのままのすがたで永遠に存在する。それ故、三千（世間）に本体として具わっていると言うのである。

⑪いまコメントする。私は偽って説を立て、世間の凡情に従ったが、道理に背いている。何故かと言うと、『金錍論』の第九問に言う、「無情は壊れるから本性がないと言うならば、（五）陰もまた壊れるから、本性も同様（に存在しないの）か」。

明曠が答える、「有情の本性は永遠であるが、迷って壊れると思っている。（『法華経』に）「永遠に霊鷲山（りょうじゅせん）にいる」ということを証拠としなさい」。

『華厳経』に言う、「諸仏・菩薩の行と誓願の力の故に、世界は成立することができる」。

いま、『(金錍)論』の文に従うならば、有情の本性は永遠であって、他に従って生ずることはない。それ故、推論式を作る。

**あなたは無情ということに執着しているが、それ自体有情であるはずだ。(結論)**

**有情の本性は永遠であるから。(理由)**

**(永遠に)霊山(りょうぜん)(にいる)などのように。(例喩)**

もしそうであるならば、どうして主体に随って環境も成立する、主体が去ると、環境も滅するということができようか。

②有情が死ぬとき、居住する国土は必ずしも滅しない。(四劫のうち)住劫に業を造り、住劫に生を受けるけれども、必ずしも環境を造るわけではない。また、聖者の誓願の力がいまだ尽きないのに、世界が壊滅する。それ故、環境の成立・崩壊は必ずしも主体に従うものではないと知られる。

(敵者の説に従って)推論式を作る。

**住劫の環境は人に随って成立・崩壊する。(結論)**

**身体に随うことを認めるから。(理由)**

**影のようなものである。（例喩）**

（だが、）どうして必ず環境と主体があい随うことが、身体と影のようだと言うのであろうか。

③また、もし環境が必ず主体に随うから別の心がないと言うのであれば、環境である有情も別の心がないというべきである。ところが、いま環境たる有情にすでに別の心がある。環境たる草木にどうして別の心を認めないのであろうか。それ故、推論式を作る。

**あらゆる人々はみな心がないはずである。（結論）**
**（主体たる）王にとっての環境であるから。（理由）**
**草木等のように。（例喩）**
**国土や草木はみな心があるはずである。（結論）**
**（主体たる）王にとっての環境であるから。（理由）**
**民衆のように。（例喩）**

④（『金錍論』の）第三十三問に、「真如は縁に随って変化して無情となるが、永遠に無情であろうか、それとも有情であろうか」。明曠の答、「真如は変化して迷いに従い、枝末に従うと言うのは、水が変化しても湿気という本性は変わらないようなものである」。

いま、論の文によると、変化して無情になるといっても、すでに当然（仏性が）あるはずであることを認めている。迷って変化しても、湿気という性質は変化しないからである。それ故、推論式を作る。

**あなたが執着する無情は当然有情であるはずだ。（結論）**
**真如の変化したものだから。（理由）**
**有情のように。（例喩）**

もしそうであるならば、どうしてわずかの塵もわずかの物質も常に有情であると言わないのか。

⑤もし国土世間が本来別の本体がないから、それ自身の成仏を認めないならば、衆生世間も本来別の本体がないから、やはり成仏を認めないことになる。（敵者の説に従って）推論式を作る。

**一切衆生はみな成仏しない。（結論）**
**別の本体がないから。（理由）**
**国土が成仏しないように。（例喩）**

⑥『金錍（論）』にまた言う、「一切存在は真如である。不変であるから。真如は一切存在である。

縁に随うから」。

一切存在という名はどうして微塵のようなものを除外しようか。真如の本体はどうして彼と我との区別を専らにしようか。これはちょうど波のない水がなく、湿気のない波がないようなものである。たとえ環境となり、主体となっても、理法としてついに異なる状況がないようなものである。『弘決』にも、「物質も香りも中道であり、無情にも仏性がある」と言っている。

いま推論式を作る。

**微塵もすべて独自で発心・成仏するはずである。（結論）**
**一切存在がすべて真如であるから。（理由）**
**有情等のように。（例喩）**
**有情もみな独自で発心成仏しない。（結論）**
**一切存在がすべて真如であるから。（理由）**
**微塵のように。（例喩）**

⑦『涅槃（経）』にまた言う、「如来でないというのは二乗や（成仏の可能性のない）一闡提（いっせんだい）である。涅槃でないというのは煩悩や生死である。仏性でないというのは墻壁や瓦礫である」。

荊渓（湛然）がそれに例をとって推論する、「墻壁が永遠に非（仏性）であるならば、二乗も永遠に非（仏性）である」。

さらに推論式を作る。

**墻壁が自ら発心しないならば、二乗も自ら発心しない。（結論）**
**ともに非（仏性）に収められるから。（理由）**

⑧むかし、叡山の第四座主安恵（あんね）大和上が経を披いて問うた、「草木に心があるならば、授記を得て成仏するかどうか」。私は「そうです」とお答え申し上げた。

和上は経をご覧になって非難した、「もしそうならば、この経文に相違している。（即ち、）もし尼拘陀樹（にくだ）（ニグローダ）に心があるならば、私は最高の覚り（阿耨多羅三藐三菩提）の予言（授記）を与えよう。しかし、心がないから、私は最高の覚りの予言を与えないのである。」

私は答えた、「天台の説では、一切は心のみであり、心の他には存在はない。それ故、草木なども心があるはずである。ところがいまの経に、樹は心がないというのは、方便門の説を兼ねているからであろうか。もし方便門を捨てて、真実を現わす門から言えば、尼拘陀樹にも心があるから、私は「予言を与える」と言うのである。」

和上は笑って「噛噬」と言った（歯噛みする様子か）。

私はそのとき、「これは『涅槃経』のことだろう」と心に考えた。そこで、さらに何の経か問わなかった。いま和上が入滅して後、『大（涅槃）経』を披き見るに、全くこの文がない。むかし考えたことと相違しているが、お尋ねすることができない。ご存命の間のご恩があるからといって、その説に賛成することもできない。深く歎くことには、何れの生に再びお会いしてこのことをお尋ねしようか。しかし、この文によってこの説を主張しているのである。いま、推論式を立てる。

すでに草木に心が遍満していると認めているから、授記を与えて仏となることも認めるべきである。（理由・結論）

有情などのように。（例喩）

⑨『金錍論』にまた言う、

『法華経』より前の蔵教・通教の三乗（声聞・縁覚・菩薩）はともに仏性を稟けていない。（声聞・縁覚の）二乗は（仏性がないという）教えを憚り、菩薩は（仏性があっても）行じない。別教の人は、初心の段階では教えは方便であるが、理法は真実である。教えは方便であるから、稟けたところがいまだ完全でない。それ故、この（蔵教・通教の三乗と別教の）七人は無情と言うべきであり、仏性があるとは言わない。円教の人は終始知と理法が不二である。心の外に外境がないのに、誰が有情であって、誰が無情であろうか。法華の集会では、一切に差別がない。草木と大地の（物質・香り・味覚・触覚対象という）四つの微細な要素〔四微〕との間にどうして区別があろうか。足を挙げるのも、道を修行するのも、みな宝のようにすばらしい（覚りの）渚に導くものである。指を弾くのも、合掌するのも、みな成仏の原因となる。一乗を与え、三乗を認めるのは、先人の志に背くことがない。（法華の）今日に至って、無情に（仏性が）ないなどと言おうか。

いま、推論式を作る。

七人はいずれも発心成仏しない。（結論）
ともに無情だとを認めるから。（理由）
草木のように。（例喩）
草木もまた発心成仏するはずだ。（結論）
ともに無情だと認めるから。（理由）
七人などのように。（例喩）

⑩また、言うところの唯心と言うのは、心が変化したものだから唯心と名付けるので、それはじ

つは心ではない。それとも、心が変化したものだから、それがそのまま心なのか。もし前の説を取るならば、法相の山河大地は八識の変化したものだから、そのまま心なのではないという説に同じである。もし後の説を取るならば、草木がそのまま心であるからやはり発心するという私のいまの説に帰することになる。もし心の造ったものであるけれども、彼は心ということがないが成仏するというならば、水は波になるけれども、水のない波があるだろうか。一切世間でどれが自他ともに認める説〔極成〕であろうか。

以上、自らコメントするところである。

以前の人たちの立てる説は多く世間の凡情や世間の執着の見解に従って、いささか円家の円融の趣旨に背いている。そこでいま一一コメントして、すべて円満完全な思想〔円意〕に趣向させた。円満完全な思想とはどのようなものであろうか。いまコメントして自ら問答して明らかにする。

## 〔4〕円意の開顕

①問。荊渓大師にどのような考えがあって、検討して無情に仏性があるというのか。

答。『金錍論』に言う、

私は世間の迷いを憂いて、常に教え示そうと考えていた。それ故、無情に仏性があると言うのである。

②問。教え示すとはどういうことか。
答。（荊渓）大師が言っている、

第一に、迷いはもともと仏性から変化したものだということを示す。第二に、仏性を示して迷いを改めさせる。それ故、しばらく無情に仏性があると言うのである。

③問。もしそうならば、しばらく仏性があると言っても、究極的に仏性があるとは言わないのか。
（答。）『不空羂索経（ふくうけんざくきょう）』に言う、

悉地主（しつじしゅ）の真言を誦し、物質が自由自在になる杖で摩奴沙（まぬしゃ）（人間のこと）を加持するならば、真実の金に変化させることができる。

『守護国界経』九に言う、

仏が秘密主に告げられた。私は無量無数劫において波羅蜜多を行じ、最後の身体に至って、六年間苦行して、覚りの場に坐ったとき、最高の覚り〔阿耨菩提〕を得て、毘盧遮那(びるしゃな)となることができなかった。そのとき、十方の諸仏がみな私に告げられた、「あなたはいまどうして求める境地を知らないのか」。私は諸仏に申し上げた、「私はいま凡夫であり、求める境地を知りません」。そのとき、諸仏は告げられた、「鼻の先に満月の輪を観じ、唵(おん)の字を観想しなさい。」そのとき、私は鼻の先に満月の輪を観じ、唵の字を観想すると、最高の覚り〔阿耨多羅三藐三菩提〕を成就することができた。

『密厳経』に言う、

密厳仏土は寂滅のすがたをしており、大智慧であり、大菩提である。

# あとがき

本文中にも触れたが、私が安然の『斟定草木成仏私記』を扱ったのは、博士論文においてであり、一九九三年のことであった（出版は一九九五年）。さらに遡ると、一九九一年に国際交流基金の派遣でヴァージニア大学に四か月滞在したとき、ポール・グローナー教授（現、名誉教授）の自宅書斎で、額を寄せ合って一緒に本書を解読したのがもとになっている。まるで杉田玄白たちが、わけの分からないオランダ語を一語一語調べながら『解体新書』を翻訳したような、手探りの作業であった。

それから二十年、あっという間に経ってしまった。その間、環境問題が深刻さを増し、巷では「山川草木悉皆成仏」なる誤った言葉が飛び交う中で、きちんと安然の著作を紹介しなければいけないと焦りながら、他の仕事に追われて、放置したままになってしまった。原實東京大学名誉教授を代表とする科学研究費助成金・基盤研究（B）「古代インドの環境論」（二〇〇六－二〇〇八年）や、秋道智彌総合地球環境学研究所名誉教授を代表とする異分野融合による方法的革新を目指した人文・社会科学研究推進事業「日本の環境思想と地球環境問題―人文知からの未来への提言」（二〇〇九－二〇一三年）に加えていただき、研究を深めるチャンスを与えていただいたが、十分に生かすことができなかった。どちらの共同研究でもご一緒した仏教環境学の第一人者岡田真美子氏からは、教えられることが多かった。

ようやく昨年（二〇一四年）夏になって、本書に着手した。当初は、博士論文を多少書き直し、『斟定私記』の現代語訳の修正版を加えれば簡単にできるかと考えていたが、次第に真如の問題に深入りすることになり、新たな方向に展開することとなった。天台学をはじめ、仏教の基本概念にはできるだけ詳しい説明を加え、仏教の基礎知識に乏しい読者にも理解していただけるように努めた。この問題は、専門家だけが独占すべきでなく、日本の自然思想、環境思想、宗教思想などに関心を持つ方々に広く手に取っていただき、一緒に考えていただきたいからである。ろくに勉強もしないで、「日本に哲学なし」などと放言してきた近代の自称「哲学者」たちが、どれほど間違っていたか、本書を読んでいただければ如実に分かるであろう。

私事ではあるが、本年三月で、国際日本文化研究センター（日文研）を定年退職する。今日、至るところで人文系の学問の研究環境が悪化していく中で、その潮流に逆らって良好な研究環境を維持しようと努力する日文研の一員として、公的な研究生活の最後の六年を送ることができたことは幸せでもあり、誇りでもある。

日文研に移籍するきっかけを作ってくださった同顧問の梅原猛先生は、『人類哲学序説』（岩波新書、二〇一三）で、「草木国土悉皆成仏」の思想を高く評価している。本書は、この度卒寿を迎えられる先生へのささやかなお祝いとさせていただきたい。

付録の『斟定私記』現代語訳の入力には、アントン・セビリア氏（総合研究大学院大学博士課程）のお力を借りた。編集に関しては、佐藤由樹氏と星飛雄馬氏から適切なアドヴァイスをいただいた。テーラワーダを中心として、意欲的な出版を続けるサンガから本書を出版していただくことも、仏教の枠を広げる点で、意義のあることであろう。

二〇一五年一月

著　者

# 文庫版あとがき

本書は、二〇一五年に出版された単行本をそのまま文庫化したものであるが、明らかな誤記や誤植、言葉遣いのおかしいところなどについては、最低限の修正を加えた。

本書は出版後、いろいろな方からご意見や感想、ご批判などをいただいた。その反響は、他の拙著に較べてはるかに大きいものがあった。その中のいくつかについて、簡単に触れておきたい。

第一に、専門の仏教研究者以外の多くの方から反応のあったことは、嬉しいことであった。その中で、草木自身の成仏という問題から、真如の問題へと発展していくところが難しくて分かりにくいというご意見をいただいた。原版の「あとがき」にも述べたように、真如の問題への深入りは私自身予測していない方向であり、十分にこなしきれていないところがあったかと反省している。

ただ、真如の問題は東アジア系の仏教の根幹に関わるもので、今後その検討は大きな課題となると考えている。本書の後で、『親鸞』（ミネルヴァ書房、二〇一六）を上梓したが、親鸞を読み込んでいくと、やはり真如＝法身の問題が核心にあることが知られて、改めてその問題の大きさに気付かされた。

第二に、本書は安然の著作の紹介に力点を置いたため、第4章で多少触れた日本人の自然観の展開が不十分で、その点をもっと知りたいというご意見もいただいた。これに関しては、拙著『日本思想史の射程』（敬文舎、二〇一七）に、仏教以外も含めて、もう少し広い視野から、日本人の自然観・災害観・世界観・人間観などを論じているので、ご参照いただきたい。

第三に、逆に仏教学の専門家からは、西洋哲学との中途半端な比較は、かえって正確な仏教理解を妨げるというご批判をいただいた。この点はなかなか難しいところで、私自身もかつては仏教文献の理解に、それ以外の思想・宗教との比較を持ち込むのは不適切と考え、禁欲的な態度を取っていた時期もあった。しかし、安然をはじめとして、日本の仏教哲学を勉強していくと、その深い内容は仏教の枠組みの中だけに閉じ込めるよりも、もっと大きな場に持ち出して議論する必要があると痛感するようになり、あえて生噛りな西洋哲学の問題にも触れることになった。文献自体への沈潜と、それを広い場に持ち出すこととは、いわばあえて二兎を追うことである。力不足で、どちらも不徹底に終わったかもしれないが、それでもそのような冒険に積極的に挑む若い研究者が出てくれることを期待したい。

第四に、中世思想の専門家から、私の「顕」と「冥」の用語の使い方が、中世の文献での使い方から見ると、必ずしも正確でないというご指摘をいただいた。このことは承知の上で、応用的に用いている。これも第三の場合と似ているが、文献に即した厳密な使い方をきちんと検討していくことが必要であるとともに、あえて中世の術語を現代に引っ張り出して、その応用可能性を探ることも意義のあることではないかと考える。それによって、逆に中世におけるその用法を改めて検討するというフィードバックが可能となろう。

第五に、「山川草木悉皆成仏」に関して、すでに宮沢賢治が言っているというご指摘をいただいた。大正七年（一九一八）六月二七日付、保阪嘉内宛封書に、「わが成仏の日は山川草木みな成仏する」と書かれている。このことは、執筆段階で専門の方からご教示いただいていたが、「山川草木悉皆成仏」という丸ごとの熟語を問題にするということから、言及しなかった。しかし、確かにほとんどそれと一致する言い方であり、言及すべきであった。若い賢治がこのような思想を展開していることは非常に興味深い。

ちなみに、「山川草木」とか「草木国土」という言葉は、ともに仏典にしばしば出てくるが、インドには遡りえないようである。主に密教系の文献に出る。神道の文献では、「山川草木」のほうが多いようである。その検討も今後の重要な課題であろう。

文庫化により、さらに広く多くの方に読んでいただき、ご意見をいただけることを楽しみにしている。

二〇一七年一〇月

著　者

# サンガ新社版あとがき

かつて日本の景気がよかった頃、何でも日本のことが自己賛美の対象となった。日本的経営、日本人の和の精神や寛容の精神などとともに、自然愛好ということがしばしば取り上げられた。実際には環境破壊の最先端を進んでいたのに、エコロジーの先進国であるかのように喧伝され、その源流に「日本的アニミズム」があるなどというわけの分からない言説が流布した。その中で「山川草木悉皆成仏」という文句が盛んに政治家や財界人の口に上った。

本書の初版は、そんな日本人の自己満足が破綻しつつあった二〇一五年に出版された。本書がサンガから出版されたことを、意外に思う人もいたようである。サンガは創立者島影透氏の意向を反映して、テーラワーダを中心とした意欲的な出版で注目されていた。しかし、範囲を限定せずに仏教全体に広がる視野を持ち、雑誌『サンガジャパン』には私も寄稿させていただいた。そんなことから単行本出版のお誘いをいただき、それならばと、懸案だった本書をまとめることにしたのである。

その頃になって、ようやく時代に踊らされるのでなく、しっかりと過去の日本の思想を読んで考えていこうと真剣に考える人たちが少しずつ出てきた。おかげで、本書のようなあまり大衆受けしそうもない本でも、ある程度の読者を得て、二〇一七年にはサンガ文庫にも収録していただいた。日本仏教と言えば大宗派の祖師だけ、という時代から多少進んで、安然という忘れ去られた大哲学者も多少は知名度を上げてきたようである。本書に『斟定草木成仏私記』の現代語訳を添えたことは、好評だった。原典に触れるということは、どんな解説を読むよりも重要であり、その手掛かりを提供できたことはいささかの誇りとするところである。

こうして本書は少しずつではあるが読者を獲得し続けていたが、残念なことに二〇二一年に出版元の株式会社サンガが倒産してしまった。出版文化が困難を極める中で、仏教雑誌の老舗である『在家仏教』や『大法輪』も休刊するような時代であるから、やむを得ないところとも思われた。ところが、同年、元社員の佐藤由樹氏が中心になってサンガ新社が創立され、サンガの成果を受け継ぎながら、インターネットを最大限活用して、不死鳥のように新たな活動を展開して、今日に至っている。その一環として、拙著を新しい形で出版してくださるという提案をいただき、私としても異存なく、こうして新版の出版に至った。

新版刊行に当たって加筆や修正をすることも考えたが、中途半端になることを恐れて、基本的に原版のままとした。文庫版のあとがきに記したように、すでにいくつかの問題点が指摘されている。また、最近になって、安然の思想理解に当たって、さらに大きな問題が提起された。私は安然の思想の中核に随縁真如説を置いて考えたが、それに対して、亀山隆彦氏は『平安期密教思想の展開』（臨川書店、二〇二三）において不変真如の方が重要ではないかという説を提示した。

真如の随縁・不変の問題は改めてきちんと考え直さなければならない。大久保良峻『日本天台における根本思想の展開』(法藏館、二〇二四)も安然の思想の検討を中心としている。安然の思想が大きくクローズアップされてきていることは甚だ喜ばしい。

次に、日本の密教には『大乗起信論』の注釈書『釈摩訶衍論』(『釈論』)が大きな影響を与えている。『釈論』は龍樹の著作とされながらも、奈良時代にはすでに偽撰説が起こっていた。にもかかわらず空海はその著作の重要な場面でしばしば用い、安然も偽撰説を取りながらも、十識説などにおいて『釈論』の影響を強く受けている。日本密教を『釈論』の受容という観点から見直すのは、今後の重要な課題である。

もう一点、第四章に安然以後の発展として、伝良源の『草木発心修行成仏記』を取り上げたが、そこでは「草木の生・住・異・滅がそのまま発心・修行・菩提・涅槃である」と説かれている。発心・修行・菩提・涅槃というセットは、善無畏訳とされる『仏頂尊勝心破地獄転業障出三界祕密三身仏果三種悉地真言儀軌』(破地獄儀軌)に見出されるが、その後、中世の天台や密教の文献に至るまで見えない。ところが、それを道元が『正法眼蔵』行持の巻で用いているのである(石井公成「『正法眼蔵』の基本構造」、『駒澤大學禪研究所年報』三五、二〇二三)。このセットの受容・展開という点を考慮に入れて、『草木発心修行成仏記』の成立を改めて考え直す必要がありそうである。

以上のように新たにさまざまな問題が提起されている。私自身はすでに老齢に至って、どこまでその追究ができるか分からないが、次の世代がこのような問題を考えていく上で、本書がいくらかでも刺激になればと願うばかりである。

二〇二四年二月

著　者

# 参考文献

岩野卓司『贈与の哲学―ジャン＝リュック・マリオンの思想』（明治大学出版会、二〇一四）
伊藤宏見「草木成仏について」（『東洋学研究』三三‐四五、一九九六‐二〇〇八）
井筒俊彦『意識の形而上学―『大乗起信論』の哲学』（中央公論社、一九九三）
梅原猛『人類哲学序説』（岩波新書、二〇一三）
岡田真美子「仏教における環境観の変容」（『姫路工業大学環境人間学部研究報告』一、一九九九）
同「東アジア的環境思想としての悉有仏性論」（『東アジア仏教――その成立と展開』木村清孝博士還暦記念論集、春秋社、二〇〇二）
金森修『動物に魂はあるのか』（中公新書、二〇一二）
新川哲雄『安然の非情成仏義研究』（学習院大学、一九九二）
末木文美士『安然・源信』（大乗仏典〈中国・日本篇〉一九、中央公論社、一九九一）
同『平安初期仏教思想の研究』（春秋社、一九九五）
同『仏教―言葉の思想史』（岩波書店、一九九六）
同「宗教と自然」（『環境の日本史』一、吉川弘文館、二〇一二）
同『哲学の現場』（トランスビュー、二〇一二）
同「災害と日本の思想」（『いわきから問う東日本大震災』、昌平黌出版会、二〇一三）

同「身心の深みへ」(『岩波講座日本の思想』五、二〇一三)
同『現代仏教論』(新潮新書、二〇一三)
田中文雄「『五輪九字秘釈』と養生思想」(坂出祥伸編『中国古代養生思想の総合的研究』(平河出版社、一九八八)
ジャック・デリダ『コーラ―プラトンの場』(守中高明訳、未来社、二〇〇四)
袴谷憲昭『本覚思想批判』(大蔵出版、一九八九)
花野充昭(充道)「『三十四箇事書』の撰者と思想について(三)」(『東洋学術研究』一五―二、一九七六)
松本史朗『縁起と空』(大蔵出版、一九八九)
同『禅仏教の批判的研究』(大蔵出版、一九九四)
ジャン=リュック・マリオン『存在なき神』(永井晋・中島盛夫訳、法政大学出版局、二〇一〇)
丸山眞男『日本政治思想史研究』(東京大学出版会、一九五二)
同『日本の思想』(岩波新書、一九六一)
三崎義泉『止観的美意識の展開』(ぺりかん社、一九九九)
宮本正尊「「草木国土悉皆成仏」の仏性論的意義とその作者」(『印度学仏教学研究』九―二、一九六一)
John D. Caputo and Michael J. Scanlon(ed.), *God, the Gift, and Postmodernism*, Indiana University Press, 1999.
Fabio Rambelli, *Buddhist Materiality*, Stanford University Press, 2007.
Lambert Schmithausen, *Plants in Early Buddhism and the Far Eastern Idea of the Buddha-Nature of Grasses and Trees*, Lumbini International Research Institute, 2009.

本書は、サンガより二〇一五年三月に単行本で、
二〇一七年一二月に文庫版で刊行された作品を、
サンガ新社が新たに刊行したものです。

末木文美士（すえき ふみひこ）

一九四九年、山梨県生まれ。一九七三年、東京大学文学部印度哲学専修課程卒業、一九七八年、同大学院人文科学研究科博士課程単位取得退学。東京大学文学部・人文社会系研究科教授を経て、国際日本文化研究センター教授、総合研究大学院大学文化科学研究科国際日本研究専攻教授併任。現在、東京大学名誉教授、国際日本文化研究センター名誉教授、総合研究大学院大学名誉教授。専門は仏教学、日本思想史、比較思想。著書に『思想としての近代仏教』（中公選書）、『絶望でなく希望を』（ぷねうま舎）、『日本仏教史』（新潮文庫）、『日本思想史』（岩波新書）、『近代日本と仏教』（講談社学術文庫）、『現代仏教論』（新潮新書）、『日本の思想をよむ』（角川書店）、『親鸞』（ミネルヴァ書房）、『日本思想史の射程』（敬文舎）、『近世思想と仏教』（法藏館）など多数ある。

草木成仏の思想
安然と日本人の自然観

二〇二四年五月一日　第一刷発行

著　者　末木文美士
発行者　佐藤由樹
発行所　株式会社サンガ新社
〒九八〇－〇〇一二
宮城県仙台市青葉区錦町二丁目四番一六号八階
電話　〇五〇－三七一七－一五二三
ホームページ　https://www.samgha-shinsha.jp/

印刷・製本　創栄図書印刷株式会社


ISBN978-4-910770-77-2